Coleção Vértice
106

CRIADOS PARA A GRANDEZA

O poder da magnanimidade

Conheça nossos clubes

Conheça nosso site

@editoraquadrante
@editoraquadrante
@quadranteeditora
Quadrante

ALEXANDRE HAVARD

CRIADOS PARA A GRANDEZA

O poder da magnanimidade

Tradução
Diego Fagundes

QUADRANTE
São Paulo
2019

© Alexandre Havard, 2019

Capa
Douglas Catisti

Título original
Created for Greatness: The Power of Magnanimity

Dados Internacionais de Catalogação na Publicação (CIP)
(Câmara Brasileira do Livro, SP, Brasil)

Havard, Alexandre
    Criados para a grandeza : o poder da magnanimidade / Alexandre Havard; tradução Diego Fagundes – São Paulo : Quadrante, 2018. (Coleção Vértice; 106)
    Título original: *Created for Greatness: The Power of Magnanimity*
    ISBN: 978-65-89820-24-6
    1. Humildade 2. Liderança – Aspectos morais e éticos 3. Magnanimidade I. Título. II. Série.

18-19871   CDD 248.4

Índice para catálogo sistemático:
1. Magnanimidade : Crescimento pessoal : Vida cristã 248.4

Todos os direitos reservados a
QUADRANTE EDITORA
Rua Bernardo da Veiga, 47 - Tel.: 3873-2270
CEP 01252-020 - São Paulo - SP
www.quadrante.com.br / atendimento@quadrante.com.br

Sumário

Prefácio do autor 11

Introdução 15

1. O ideal de magnanimidade 21
   Uma afirmação da nossa dignidade e da nossa
      grandeza 22
   A virtude da ação 24
   A forma suprema da esperança humana 28
   Magnanimidade e humildade caminham lado
      a lado 32
   Purifique suas intenções 36
   Magnanimidade não é o mesmo que
      megalomania 37
   Magnanimidade e autoestima são coisas
      diferentes 38
   A «virtude da juventude» 38
   Uma virtude capaz de abarcar a vida inteira 42

2. O ideal de humildade 45
   A grandeza que se conquista despertando-se
   a grandeza nos demais 46
   O exemplo da Michelin 47
   Humildade como ideal 50

3. Desenvolver um sentido moral 53
   Ouça e obedeça a sua consciência 53
   Concentre-se mais em si mesmo do que
   em suas ideias 56
   Concentre-se mais em seu caráter do que em suas
   maneiras 59

4. Desenvolver a magnanimidade 63
   Busque um homem de verdade 63
   Permita que a beleza penetre o seu espírito 68
   Descubra e viva sua vocação 69
   Tenha consciência do seu talento e trabalhe para
   aprimorá-lo 71
   Concentre energias na sua missão 73
   Não tema o fracasso 74
   Liberte sua imaginação 76
   Rejeite o hedonismo 78
   Rejeite todas as formas de igualitarismo 79
   Procure a grandeza na vida cotidiana 80

5. Crescer em humildade 85
   Reconheça sua insignificância (humildade
   metafísica) 85
   Reconheça sua fraqueza (humildade espiritual) .. 86
   Reconheça sua dignidade e grandeza
   (humildade ontológica) 88
   Reconheça seus talentos e ponha-os em prática
   (humildade psicológica) 89
   Reconheça a dignidade e a grandeza dos outros
   (humildade fraterna) 91

Conclusão 95

Apêndice 1 - Método prático 97
  Magnanimidade 99
  Humildade 100
  Prudência 102
  Fortaleza 103
  Autodomínio 104
  Justiça 104

Apêndice 2 - Resposta aos críticos 107

Neste século degenerado – em que a sociedade europeia é assolada pela preguiça, pelo tédio existencial e pela descrença, em que reina por toda parte uma mistura bizarra de ódio contra a vida e medo da morte, e em que os melhores homens cruzam os braços e usam sua falta de objetivos claros como justificativa para a preguiça e a devassidão – neste século, as almas inspiradas são tão necessárias quanto a luz do sol. São a prova viva de que ainda existem pessoas de uma ordem mais elevada, capazes de feitos heroicos; pessoas de fé, com objetivos claros e bem definidos.

Anton Pavlovitch Tchékhov

Prefácio do autor

Em 1983, fiz uma pausa nos estudos de direito em Paris para passar um mês inesquecível ao lado da minha tia-avó, Elena, e de seu filho, Thamaz. Os dois moravam em Tbilisi, capital da República Soviética da Geórgia.

Em 1990, quando voltei à cidade, a União Soviética estava à beira do colapso e minha tia Elena havia falecido. Fiquei perturbado ao descobrir que Thamaz ainda não havia se recuperado da perda de sua mãe, a quem ele amava mais do que qualquer outra pessoa no mundo. Thamaz permanecera ao lado dela desde aquele dia traumático em 1938, quando seu pai fora preso e fuzilado pela polícia secreta do Estado comunista. Na época, ele tinha dez anos.

Certa noite, decidimos ir ao cemitério para fazer uma visita ao túmulo de minha tia Elena. Thamaz dirigia seu Zhiguli, fabricado na União Soviética. Conforme nos aproximávamos do cemitério, ele ficava cada vez mais emocionado. Era noite e chovia; a estrada – montanhosa, estreita e escorregadia – estava bem ruim. De repente, Thamaz virou para mim e perguntou: «Você está com medo?» Por vergonha de responder qualquer outra coisa, respondi que não. Ele então pisou mais fundo no acelerador.

Mal tive tempo de invocar meu anjo da guarda; o carro voou em direção ao precipício e mergulhou no abismo, aterrissando alguns segundos depois bem no meio do cemitério na montanha. O para-brisa se estilhaçou por completo, e o Zhiguli ficou suspenso entre duas lápides. Tivemos que sair do veículo com todo o cuidado para que ele não se desequilibrasse. A apenas alguns metros dali, um penhasco sem fundo se abria diante de nós.

Saímos cautelosamente do lugar e descemos a montanha a pé e em silêncio, sem encontrar nenhum veículo pelo caminho. Finalmente, Thamaz disse: «É uma pena que tenhamos arruinado algumas lápides que não nos pertenciam».

Uma hora depois, conseguimos parar um carro e pedir carona para voltar a Tbilisi. Eram duas da manhã.

Passei dias refletindo sobre essa nossa desventura. A noite não foi boa, é verdade, mas podia ter sido pior. Eu estava decepcionado com Thamaz, mas não disse nada. A certo ponto, compreendi que aquele homem de sessenta anos havia perdido não apenas seu senso de orientação na vida, mas também o senso da vida em si (e isso provavelmente ocorrera quando ele tinha dez anos, no dia em que seu pai foi preso pela KGB).

Frequentemente penso sobre Thamaz e sobre os milhões de indivíduos que foram atingidos de uma maneira ou de outra pelos projetos ideológicos do século XX. Penso no vazio e na devastação que se produziu em seus corações; também penso sobre a política global contemporânea, que se concentra exclusivamente na economia e, com isso, só agrava feridas desse tipo.

Penso em todos aqueles que, ao contrário de Thamaz, puderam conhecer o calor humano de um lar, que tiveram pais e mães que os amaram e educaram na verdade, na liberdade e na virtude e que, mesmo com todas essas vantagens, por um motivo ou outro não captaram a amplitude de suas responsabilidades perante Deus e o homem. Viraram as costas para suas vocações ou abriram mão de tentar encontrar e cumprir sua missão na vida.

É a esses homens e mulheres (jovens ou não tão jovens) que dedico este trabalho.

Introdução

No livro *Virtudes & Liderança*[1], publicado no Brasil em 2011, expus minha visão sobre a liderança. Essa visão pode ser resumida nos seguintes pontos:

1. *A liderança autêntica deve estar fundada numa antropologia autêntica, que inclua a aretologia – isto é, a ciência da virtude.* A virtude é um hábito da mente, da vontade e do coração, e nos permite alcançar excelência e eficácia pessoal. Liderança e virtude estão ligadas de maneira intrínseca. Em primeiro lugar, porque a virtude cria confiança – que é condição *sine qua non* da liderança. Em segundo lugar, porque a virtude (do latim *virtus* – força ou poder) é uma potência dinâmica que reforça a capacidade do líder de agir. A virtude permite que o líder faça aquilo que dele se espera.

2. *Magnanimidade e humildade – que são, acima de tudo, virtudes do coração – constituem a essência da liderança.* A mag-

---

(1) Alexandre Havard, *Virtudes & Liderança*, 4ª ed., Quadrante, São Paulo, 2016.

nanimidade é o hábito de buscar aquilo que é grandioso. O líder é magnânimo em seus sonhos, em suas visões e em seu senso de missão; também o é em sua capacidade de desafiar a si mesmo e aos que estão ao seu redor. A humildade, por sua vez, é o hábito de servir aos outros. Ter humildade é trazer as pessoas para perto em vez de empurrá-las para longe; é ensinar em vez de dar ordens; é inspirar em vez de repreender. Dessa forma, a liderança tem menos a ver com demonstrações de poder do que com a capacidade de conferir poder aos outros. Praticar a humildade é despertar a grandeza naqueles que estão ao nosso redor, dar-lhes a possibilidade de realizar plenamente seus potenciais humanos. Nesse sentido, o líder é sempre um professor e um pai (ou uma mãe). Os «seguidores» do líder são aqueles a quem o próprio líder serve. Magnanimidade e humildade são virtudes *características* dos líderes; juntas, elas constituem a *essência* da liderança.

3. *As virtudes da prudência (sabedoria prática), da fortaleza, do autodomínio e da justiça – que são, acima de tudo, virtudes da mente e da vontade – constituem os fundamentos da liderança.* A *prudência* aumenta a capacidade do líder de tomar as decisões corretas; a *fortaleza* possibilita que ele se mantenha firme e resista a pressões de todos os tipos; o *autodomínio* subordina a paixão e a emoção ao espírito, permitindo que o líder direcione suas energias vitais para o cumprimento de suas missões; a *justiça*, por fim, impele o líder a dar a cada um a parte que lhe cabe. Se por um lado essas quatro virtudes (chamadas de virtudes cardeais) não definem a essência da liderança, por outro constituem a pedra fundamental sobre a qual ela se ergue.

4. *A liderança não é uma condição inata; é resultado de treinamento.* A virtude é um hábito que se adquire com a prática. Ser líder é uma questão de caráter (virtude, liber-

dade, crescimento), e não de temperamento (biologia, condicionamento, estagnação). O temperamento pode favorecer o desenvolvimento de algumas virtudes e prejudicar o desenvolvimento de outras. Há um momento, no entanto, em que o caráter do líder se impõe de tal maneira sobre seu temperamento que este último deixa de dominá-lo. O temperamento não é um obstáculo à liderança; por outro lado, a falta de caráter (isto é, a ausência daquela energia moral que nos permite ser algo além de escravos da biologia) definitivamente o é.

5. *O líder não lidera por meio da* potestas *ou do poder inerente ao seu cargo ou às suas funções. Ele lidera por meio da* auctoritas, *que procede do caráter.* Os que lideram por meio da *potestas* (por causa de sua falta de autoridade) são líderes apenas no nome. É um círculo vicioso: aquele que tem pouca autoridade (*auctoritas*) tende a abusar do seu poder (*potestas*); isso, por sua vez, provoca uma erosão ainda maior da autoridade, bloqueando as vias de acesso a uma liderança autêntica. Ser líder não é ocupar uma posição, ter um cargo ou estar no topo da hierarquia. A liderança é um jeito de ser e, como tal, pode ser vivida por qualquer pessoa, não importando o lugar que ela ocupa na sociedade ou numa determinada organização.

6. Para crescer em virtude, é preciso acionar o coração, a vontade e a mente. *Contemplamos* a virtude por meio do coração, para perceber sua beleza intrínseca e desejá-la ardentemente; desenvolvemos o hábito de *agir* virtuosamente por meio da vontade; com a mente, *praticamos* todas as virtudes simultaneamente, dando especial atenção à virtude da prudência, que guia todas as outras.

7. *Ao praticar a virtude, um líder se torna mais maduro em seus julgamentos, em suas emoções e em seu comportamento.* Os

sinais de maturidade são: autoconfiança, coerência, estabilidade psicológica, alegria, otimismo, naturalidade, liberdade, responsabilidade e paz interior. Os líderes não são céticos e muito menos cínicos: são realistas. Ser realista é ter a capacidade de nutrir as nobres aspirações da alma, a despeito de quaisquer fraquezas pessoais que se possa ter. O realista não se rende à fraqueza: ele a supera pela prática das virtudes.

8. *O líder rejeita as abordagens utilitárias da virtude.* A virtude não é algo que o líder cultiva para se tornar mais eficiente naquilo que faz; é algo que cultiva para se realizar como ser humano. Não buscamos crescer em virtude apenas para sermos mais eficientes naquilo que fazemos. A eficiência aprimorada é apenas uma das muitas consequências do cultivo da virtude.

9. *O líder pratica a ética da virtude, e não uma ética baseada em regras.* A ética da virtude não nega a validade das regras, mas afirma que essas últimas não constituem o seu fundamento último. As regras devem estar a serviço da virtude. A ética da virtude está na base da criatividade do líder; é o que a faz florescer.

10. *A prática das virtudes especificamente cristãs – a fé, a esperança e a caridade – tem um impacto poderoso sobre a liderança.* Essas virtudes sobrenaturais elevam, reforçam e transfiguram as virtudes naturais da magnanimidade e da humildade (a essência da liderança), e produzem o mesmo efeito com relação às virtudes naturais da prudência, da fortaleza, do autodomínio e da justiça (os fundamentos da liderança). Nenhum estudo sobre a liderança estará completo se não levar em conta as virtudes sobrenaturais.

Criados para a grandeza representa um aprofundamento do livro *Virtudes & Liderança*. Juntas, as duas obras constituem um todo único e indivisível.

Foram necessários dois anos de pesquisas para que eu pudesse compreender que a magnanimidade e a humildade são virtudes características do líder. Só consegui chegar a essa conclusão depois de ter estudado a vida e o comportamento de um número considerável de líderes. Dois anos dedicados a duas palavras – falando assim, parece algo terrível! Teria sido terrível, de fato, se se tratasse de duas palavras sem grande importância. No entanto, magnanimidade e humildade são palavras ricas em conteúdo e sentido, possuidoras de um extraordinário poder emocional e existencial; palavras que falam diretamente ao coração, pois encarnam um ideal de vida – o ideal de grandeza e serviço.

Descobri que *a liderança é um ideal de vida porque as virtudes das quais ela deriva – magnanimidade e humildade – são, em si, ideais de vida.* Essa descoberta me surpreendeu e me encheu de alegria.

Podemos e devemos basear nossas *ações* na prudência, na fortaleza, no autodomínio e na justiça, mas só podemos ter por base da *existência* a magnanimidade e a humildade, o ideal de grandeza e o de serviço – em outras palavras, o ideal de liderança. *A magnanimidade é o anseio de estar à frente de uma vida plena e intensa; a humildade, por sua vez, é o anseio de amar e se sacrificar pelos outros.* Consciente ou inconscientemente, os corações de todos os seres humanos experimentam essa sede de viver e amar. Magnanimidade e humildade são condições *sine qua non* da plenitude pessoal.

Há uma ligação inextricável entre essas duas virtudes. Elas constituem um ideal único: o ideal de dignidade e grandeza do homem. A magnanimidade afirma nossa dignidade e nossa grandeza pessoais; já a humildade afirma a dignidade e a grandeza dos outros.

A magnanimidade (isto é, a grandeza do coração) e a humildade são frutos de uma apreciação verdadeira do valor do homem; tanto a pusilanimidade (isto é, a pequenez do coração), que impede o homem de compreender a si mesmo, quanto o orgulho, que impede o homem de compreender aos outros, derivam de uma falsa apreciação do valor do homem. *A liderança é um ideal de vida que reconhece, assimila e propaga a verdade sobre o homem.*

Capítulo I
O ideal de magnanimidade

A magnanimidade é um ideal cujas raízes são a confiança no homem e na grandeza que lhe é inerente. É a virtude da ação, a forma suprema da esperança humana. A magnanimidade é capaz de definir os parâmetros de uma vida inteira, transformando-a profundamente, emprestando-lhe novos sentidos e dando lugar a um florescimento da personalidade. Trata-se da primeira virtude característica do líder.

Já faz dez anos que venho falando sobre magnanimidade – virtude característica da liderança – a alunos de diferentes culturas, idiomas e religiões. Na minha experiência, a magnanimidade sempre mexe com as pessoas – em todo lugar, sem exceção. Já vi gente que mudou profundamente depois de encontrar essa virtude, mas também gente que saiu correndo da sala, como se a simples menção do tema fosse motivo de pânico. É impossível manter-se indiferente diante da magnanimidade.

Uma afirmação da nossa dignidade e da nossa grandeza

Aristóteles foi o primeiro a elaborar um conceito de magnanimidade (*megalopsychia*). Para ele, a pessoa magnânima pratica a virtude e, como resultado, considera-se digna de «grandes coisas» (para ele, isso quer dizer honras). Embora o homem magnânimo possa de fato ser merecedor de honras, na verdade ele não as busca; é capaz de viver sem essas coisas, pois possui algo melhor: a virtude, que é o maior dos tesouros. Ele sabe que nem mesmo o universo inteiro, com tudo aquilo que há nele, vale mais do que a virtude. Conhece seu valor e sabe que merece o melhor; quando, no entanto, encara a grandeza da virtude que possui, todo o resto se desfaz na insignificância.

Aristóteles considerava Sócrates um modelo de homem magnânimo, embora nunca o tenha dito explicitamente. A magnanimidade aristotélica é a magnanimidade dos filósofos que desprezam o mundo para afirmar o homem mais perfeitamente; consiste em manter-se impassível às vicissitudes da vida, ser indiferente à desonra (a menos que ela seja merecida) e ter desdém pelas opiniões da massa. Não se trata de procurar fazer com que as coisas aconteçam, mas sim de suportá-las, de aceitá-las com um sorriso no rosto. A ênfase não recai sobre a capacidade de desenvolver um conjunto de habilidades pessoais, e sim sobre o ato de dominar a si mesmo, de conquistar autonomia e liberdade. O magnânimo afirma sua dignidade humana e domina um mundo traiçoeiro pelo qual só sente desdém.

A magnanimidade aristotélica é uma afirmação de dignidade e grandeza. É ter uma visão elevada de si mesmo. Essa consciência do valor próprio é algo que podemos identificar em todos os líderes – na verdade, é o princípio da liderança. Sem essa consciência da dignidade e grandeza que se possui, não pode haver magnanimidade nem liderança.

Tomemos por exemplo o General Charles de Gaulle, que se recusou a aceitar a capitulação da França perante os nazistas em 1940. Embora fosse apenas um general de brigada, desconhecido pela quase totalidade de seus compatriotas, De Gaulle estava convicto de que precisava vingar a honra da França e conclamar sua nação à resistência (e o fez no dia 18 de junho de 1940, por meio de um famoso comunicado endereçado aos franceses e transmitido pela rádio BBC). Mas a visão que tinha dessa tarefa a cumprir foi precedida por uma fé inabalável em sua própria dignidade e grandeza pessoais. Isso aparece em suas *Memórias de guerra*: «Por mais limitado e solitário que eu fosse – e justamente porque o era –, fazia-se necessário que eu subisse às alturas e nunca mais voltasse a descer»[1].

Abraham Lincoln tinha uma visão tão elevada de si mesmo que ser presidente dos Estados Unidos era para ele «a coisa mais natural a se fazer». Henry Raymond, editor do *The New York Times*, observa:

> Nada era tão evidente na conduta pessoal de Lincoln quanto sua completa inconsciência em relação à posição que ocupava. Seria difícil (talvez impossível) encontrar outro homem que, removido da obscuridade da vida comum interiorana e posto diante dos parâmetros de dignidade e dever inerentes ao cargo de presidente, não sentisse necessidade de se adequar aos modos e ao tom apropriados a essa nova posição. Lincoln jamais pareceu ter consciência do fato de que seu lugar e suas obriga-

---

(1) Charles de Gaulle, *The Complete War Memories of Charles de Gaulle*, Carroll & Graf Publishers, Nova York, pág. 82.

ções eram substancialmente diferentes daqueles com os quais ele sempre estivera envolvido[2].

A liderança começa com uma visão elevada de si mesmo, e só a partir daí adquire uma visão daquilo que pretende conquistar. Quando Darwin Smith tornou-se CEO da Kimberly--Clark, em 1971, a empresa tinha uma posição segura em seu segmento. Smith, no entanto, acreditou que era possível ir muito mais longe. Sua visão elevada de si mesmo permitiu que ele definisse um objetivo: alcançar a grandeza ou perecer. Ele decidiu vender todas as fábricas que então produziam papel revestido – principal fonte de receitas da empresa – e usou o dinheiro para dar início à produção de itens de consumo, o que colocou a empresa em competição direta com os líderes do mercado (Procter & Gamble e Scott Paper)[3]. Tal decisão representou uma virada espetacular no destino da Kimberly-Clark: transformou a empresa na líder mundial em produtos de papel destinados ao consumidor final.

A percepção que Smith tinha sobre seu próprio valor e sua própria dignidade fez surgir nele um desprezo mal disfarçado pela opinião da massa. Analistas de Wall Street e da mídia especializada debocharam da decisão que ele havia tomado; estavam certos de que ele fracassaria. Assim como Sócrates, Smith não quis saber qual era a opinião geral.

A virtude da ação

Para Tomás de Aquino, filósofo mais importante da Idade Média, a magnanimidade é o apetite insaciável pe-

---

(2) Henry Raymond, *The Life, Public Services, and State Papers of Abraham Lincoln*, vol. 2, págs. 723-724.
(3) Sobre Darwin Smith, cf. o nosso *Virtudes & Liderança*, parte 1, capítulo 1.

las grandes coisas (*extensio animi ad magna*). Magnânimo é aquele cujo coração está voltado à conquista do mundo e da excelência pessoal.

A magnanimidade é uma espera de grandeza – um desejo ardente, uma missão sagrada, algo a que se aspira. Tomás observa que a palavra latina *magnanimitas*, cunhada por Cícero em 44 a.c. como tradução do grego *megalopsychia*, é equivalente a *magnitudo animi*; *animus*, por sua vez, sugere uma força irascível, um instinto para o combate e para a conquista. A magnanimidade é a virtude da agressividade; está sempre preparada para o ataque, para a conquista, para agir com a impetuosidade de um leão.

Em 1963, Martin Luther King (que então estava preso) escreveu:

> Meus caros colegas pastores: Estando aqui, confinado numa cela da prisão de Birmingham, deparei com uma declaração dos senhores segundo a qual minhas atividades atuais «são insensatas e inapropriadas». [...] Há anos que ouço a mesma palavra sendo repetida incessantemente: «Espere!». Essa palavra vibra nos ouvidos de cada negro com lancinante familiaridade. Esse «espere» quase sempre quer dizer «nunca». [...] Quase sou levado a concluir que a grande pedra no caminho dos negros em sua caminhada rumo à liberdade não são os White Citizen's Councils[4] ou a Ku Klux Klan[5], mas sim os homens brancos e moderados [...] que se com-

---

(4) Grupos de supremacistas brancos formados nos EUA em meados dos anos 1950. Eram formados por cidadãos que se opunham às medidas de integração racial adotadas pelo governo americano sobretudo a partir da segunda metade do século XX. (N. do T.)

(5) Organização extremista de viés xenófobo cujas origens remontam ao século XIX. Seus membros pregam a "purificação racial" da sociedade americana sob a égide da supremacia branca. (N. do T.)

portam de maneira paternalista ao imaginar que podem definir a data específica em que um homem terá direito à liberdade, que vivem segundo um conceito mítico de tempo e que constantemente aconselham o movimento negro a esperar pelo «momento mais propício». [...] Já faz 340 anos que esperamos por nossos direitos, aqueles que nos são dados pela constituição e por Deus. [...] Eu acabo de receber uma carta de um irmão branco do Texas. Ele escreve: «Todos os cristãos sabem que os negros terão direitos iguais mais cedo ou mais tarde, mas é possível que haja certo exagero nessa sua urgência religiosa. Foram necessários quase dois mil anos para que o cristianismo fizesse o que fez. Os ensinamentos de Cristo levam tempo para vir à terra». Tal postura deriva de uma concepção tragicamente equivocada sobre o tempo, de uma noção estranhamente irracional segundo a qual há algo no próprio fluxo do tempo que necessariamente curará todos os males. [...] Cada vez mais sinto que os mal-intencionados sabem usar o tempo de maneira muito mais efetiva do que os homens de boa vontade. Nesta geração, seremos obrigados a nos arrepender não apenas pelas palavras e atos de ódio daqueles que são maus, como também pelo silêncio acachapante daqueles que são bons. O progresso humano nunca vem na esteira da inevitabilidade; vem por meio dos esforços incansáveis de homens dispostos a trabalhar juntamente com Deus. Sem esse trabalho pesado, o tempo em si se torna um aliado das forças de estagnação social. Devemos usar o tempo criativamente, sabendo que sempre é tempo de fazer a coisa certa.

Martin Luther King reconhecia «a urgência do momento». Alguns meses mais tarde, organizou e liderou a Marcha de Um Milhão de Homens e fez seu histórico discurso

«*I Have a Dream*» («Eu tenho um sonho»), em que pediu o fim do racismo. Embora fosse um homem introspectivo – e melancólico por natureza –, King partiu para a ação direta a partir de sua magnanimidade ilimitada.

Tomás de Aquino retoma as fórmulas de Aristóteles, mas dá a elas um significado diferente. Aristóteles nos diz que o magnânimo se considera digno de grandes coisas (grandes honras); Tomás, por outro lado, afirma que o magnânimo se considera digno de *fazer* grandes coisas, as quais ele busca realizar por si mesmas (isto é, pela grandeza que é inerente a essas coisas). Ao mesmo tempo, o magnânimo nota que a honra é algo que merece (embora não a tenha desejado) e que ele agora deve usar da melhor maneira possível.

Aristóteles afirma a grandeza do homem que declara sua autonomia em relação ao mundo por temer que o destino lhe destrua. Tomás, no entanto, afirma a grandeza do homem que conquista o mundo por acreditar que o mundo é criação de Deus e, portanto, bom.

A magnanimidade é a conquista da grandeza. O magnânimo não se contenta em dar o primeiro passo, mas vai até o último; não se contenta em aspirar à grandeza, mas efetivamente a alcança. A magnanimidade é a virtude propulsora por excelência, e funciona como um combustível. É a virtude da ação, pois nela há mais energia do que na audácia pura e simples. O magnânimo alcança a plenitude pessoal na ação e por meio da ação. Ele se entrega à ação com paixão e entusiasmo.

Para o verdadeiro líder, a ação sempre deriva da autoconsciência; jamais pode ser reduzida a mero *ativismo* e nunca se degenera em *vício pelo trabalho*. O líder é sempre aquele que faz, mas não pelo mero exercício de fazer qualquer coisa. O fazer do líder é sempre uma extensão do seu ser; é um resultado direto da contemplação de sua dignidade e de sua grandeza. Aqueles que não são líderes agem meramente para alcançar objetivos preestabelecidos, ou para escapar de si mesmos e preencher o vazio de sua vida interior.

A excelência pessoal é o objetivo final da magnanimidade. Mesmo o projeto mais ambicioso será malconduzido se não promover o desenvolvimento da virtude, do caráter e da excelência pessoal de todos os envolvidos.

Para o líder, a conquista de objetivos corporativos nunca é um fim em si mesmo, mas apenas um meio para se alcançar o desenvolvimento pessoal das partes envolvidas. Se Darwin Smith assumiu riscos, foi porque sabia que o crescimento pessoal gerado pela ação ultrapassa em muito seus possíveis resultados materiais, não importa o quão espetaculares ou lucrativos sejam. Fazer as coisas é gestão; fazer com que os outros cresçam é liderança. Smith também era um gestor de mão-cheia, mas era, acima de tudo, um líder magnífico. Para ele, as pessoas eram mais importantes do que as coisas. Tinha plena consciência de que a excelência pessoal – a própria e a das pessoas que liderava – era um bem mais importante do que o sucesso material.

A forma suprema da esperança humana

A ação resulta da esperança. Quanto mais forte a esperança, mais elevado será o objetivo. O magnânimo incentiva a esperança, transformando-a numa força capaz de cativar, engrandecer e contagiar.

Em junho de 1940, sozinho e exilado na Inglaterra, o General Charles de Gaulle deu ao mundo uma verdadeira aula sobre esperança. «Sozinho e privado de tudo, sentia-me como um homem à beira do oceano prestes a tentar cruzá-lo a nado»[6]. Dificuldades objetivas, no entanto, não foram obstáculo para o general, que se entregou à ação e nunca duvidou da própria capacidade de organizar a resistência francesa e liderar o país rumo à vitória.

A esperança vê além dos obstáculos. Ela busca o bem maior a despeito de todas as dificuldades objetivas. Inspirados pelo dever que se impõe (e que é, a um só tempo, nobre e árduo), o coração e a alma se comprometem ao máximo.

Certa vez, Eric Liddell – um dos atletas representados no célebre filme *Carruagens de fogo*, vencedor dos quatrocentos metros rasos nas Olimpíadas de 1924 – foi derrubado por um adversário logo após a largada. Ao se levantar, Eric percebeu que estava a uns vinte metros do pelotão de corredores. Mesmo assim, lançou-se adiante, alcançou os outros competidores e conseguiu ultrapassá-los pouco antes da linha de chegada. Assim que venceu a prova, o britânico desabou no chão, exausto e triunfante.

A esperança é um entusiasmo cheio de alegria. É um gosto pelo esforço envolvido em cada ação, é alegrar-se com uma busca que, em certo sentido, já contém em si o bem que deseja alcançar. Eric Liddell, homem de grande fé religiosa, expressava o aspecto aventureiro da esperança ao dizer: «Quando corro, sinto que Ele está feliz».

A magnanimidade – a esperança *humana* – é um ideal imbuído de confiança no homem. Não deve ser confundida com a esperança teologal, que diz respeito à confiança em Deus; nas palavras de São Paulo: *Tudo posso naquele que me conforta* (Fl 4,13).

A magnanimidade é uma virtude *natural* que o homem adquire e desenvolve por meio de seus próprios esforços; a

---

(6) Charles de Gaulle, *The Complete War Memories of Charles de Gaulle*, pág. 81.

esperança *sobrenatural*, por sua vez, é uma virtude infundida na alma por Deus. Juntamente com a fé e a caridade, a esperança sobrenatural é uma das três virtudes teologais.

Na Idade Média, os teólogos cristãos não faziam essa distinção. O que eles chamavam de magnanimidade era, na verdade, a virtude sobrenatural da esperança. Para eles, um homem era magnânimo se estava consciente de sua própria miséria, e se buscava em Deus (e somente em Deus) o poder para superar o mundo[7].

Foi Santo Tomás de Aquino que, no século XIII, depois de haver lido uma boa tradução das obras de Aristóteles, restaurou o verdadeiro significado da magnanimidade. Para ele, assim como para Aristóteles, a magnanimidade é um ideal de grandeza do *homem*, um ideal de confiança no *homem*. Tomás estabelece uma clara diferença entre a virtude natural da magnanimidade e a virtude sobrenatural da esperança.

Essa restauração da dimensão humana operada por Tomás é um dos maiores feitos na história do pensamento cristão. É daí que surge o humanismo cristão, em toda a sua amplitude.

O cristão magnânimo espera tudo de si mesmo como se Deus não existisse (magnanimidade) e espera tudo de Deus como se ele próprio não pudesse fazer nada sozinho (esperança teologal). Comporta-se como um adulto no plano natural e como uma criança no sobrenatural. Essa infância sobrenatural, no entanto, não é passiva. A esperança sobrenatural, assim como a esperança humana, não procura se afastar da dificuldade; ao contrário, ela eleva a alma e a coloca em posição de conquistar o bem. Só pode haver uma psicologia da esperança.

---

(7) Cf. René-Antoine Gauthier, *Magnanimité: l'idéal de grandeur dans la philosophie païenne et dans la théologie chrétiènne*, Vrin, Paris, 1951.

Magnanimidade e esperança teologal complementam-se perfeitamente no líder que vive a fé cristã. Tomemos por exemplo o caso de Alexander Soljenítsin, escritor russo e ganhador do Prêmio Nobel de literatura[8]; um homem cuja esperança natural era reforçada pela esperança teologal. Alexander resistiu a décadas de perseguição por parte de um regime totalitário que queria destruí-lo, e dedicou sua vida e seu trabalho à preservação da memória de milhões de homens que haviam sido mortos pelo comunismo. Eis uma prece que ele compôs num momento de dificuldade:

> Quão fácil é viver contigo, Senhor!
> Quão fácil é acreditar em Ti!
> Quando minha mente divaga
> Ou se extenua em sua própria perplexidade,
> Quando nem os mais inteligentes
> São capazes de ver além da noite de hoje,
> Por não saberem o que farão amanhã,
> Tu me envias a clareza de saber
> Que Tu existes,
> E essa é a garantia
> De que nem todos os caminhos para o bem
> Estarão impedidos[9].

A vida de Soljenítsin mostra que a magnanimidade e a esperança teologal podem coexistir harmoniosamente no líder que pratica sua fé cristã. Esse grande líder acreditava plenamente em si mesmo e em Deus; acreditava em sua própria capacidade de ação tanto quanto na providência divina.

---

(8) Sobre Alexander Soljenítsin, cf. Alexandre Havard, *Virtudes & Liderança*, parte 1, capítulo 1.
(9) Alexander Soljenítsin, *Krokhotki (1958-1963)*, Eksmo, Moscou, 2010.

Em 3 de abril de 1968, um dia antes de ser assassinado, Martin Luther King, um homem cheio de esperança natural, fez seu famoso discurso «*I've Been to the Mountaintop*» («Estive no topo da montanha»), no qual falou sobre a importância da esperança *sobrenatural* na vida de um pastor batista:

> Como qualquer outra pessoa, eu gostaria de viver uma vida longa. A longevidade certamente tem seu valor. Mas no momento isso não me preocupa, pois só quero ser capaz de fazer a vontade de Deus. Ele me permitiu subir até o topo da montanha; lá do alto, olhei ao redor e vi a Terra Prometida. Pode ser que eu não chegue até lá com vocês, mas quero que saibam que nós, como povo, um dia chegaremos. Nesta noite, portanto, estou feliz. Não me preocupo com nada. Não há homem que eu tema. Estes olhos viram a glória da vinda do Senhor.

A esperança natural de King era claramente reforçada por sua esperança sobrenatural.

Magnanimidade e humildade caminham lado a lado

Conforme observamos na introdução deste livro, a humildade é o hábito de servir. Mas ela vai além disso: ela é também a consciência de que o homem é totalmente dependente de Deus, seu Criador. Esse aspecto da virtude leva o nome de «humildade metafísica», e se diferencia da «humildade fraterna» (o hábito de servir).

Quando se fala sobre magnanimidade, é preciso levar em conta a «humildade metafísica». Quanto mais consciência temos da nossa grandeza pessoal, mais devemos reconhecer que a grandeza é um dom de Deus. Magnanimidade sem humildade não é magnanimidade: é um autoengano que pode facilmente levar a catástrofes pessoais de um tipo ou de outro.

Magnanimidade e humildade, portanto, caminham lado a lado. No que diz respeito às tarefas propriamente humanas, o homem tem o direito e o dever de acreditar em si mesmo (isto é, de ser magnânimo) sem esquecer que as capacidades humanas das quais ele depende vêm de Deus (isto é, sem deixar de ser humilde). O impulso magnânimo de se lançar em grandes empreitadas deve sempre vir acompanhado do desapego que é próprio da humildade, e que nos permite ver a presença de Deus em todas as coisas. É preciso que o homem seja enaltecido ao mesmo tempo em que se rebaixa diante de Deus. «Enquanto lutava contra o regime comunista», diz Soljenítsin, «compreendi que não era eu quem lutava; compreendi que eu era um inseto, e que ali, na minha luta, eu era apenas uma ferramenta nas mãos de um Outro»[10]. Por ser verdadeiramente magnânimo, Soljenítsin compreendeu ser uma ferramenta poderosa nas mãos de Deus; por ser verdadeiramente humilde, admitiu abertamente que era *tão somente* uma ferramenta.

O homem que é magnânimo e humilde revela sua *magnanimidade* ao afirmar seus talentos e habilidades e ao se julgar capaz de grandes coisas, que realiza com confiança. Ao mesmo tempo, esse homem revela sua *humildade* ao admitir seu *status* de criatura e compreender que suas capacidades e virtudes (mesmo as que terá adquirido por esforço próprio) são, em última análise, dons de Deus. Isso o enche de gratidão a Deus e colabora para aumentar sua esperança.

---

(10) *Ogonyok*, n. 24 (4559), 1998, págs. 52-53.

A humildade é um reconhecimento da força e da grandeza do homem, uma vez que coloca essas coisas como dons de Deus. O ato de atribuir a grandeza e a força do homem a Deus não constitui uma negação dessas características. A humildade oferece essa grandeza e essa força a Deus, consagrando-a.

Muitos cristãos acreditam em Deus, mas poucos acreditam em si mesmos, em seus talentos e capacidades. Como seus conceitos de humildade excluem a magnanimidade, tais pessoas não podem ser líderes (e, de fato, nunca chegam a sê-lo). Assim, quando olhamos para o mundo de hoje, não podemos nos surpreender ao notar que os líderes políticos ocidentais raramente sejam recrutados dentre os fiéis cristãos.

Os líderes mais influentes dos últimos trezentos anos não foram cristãos. Não se trata de dizer que os cristãos foram excluídos da vida social, mas sim que muitos cristãos resolveram se abster dela. Eis aí o caso mais surpreendente de autoanulação de toda uma comunidade na história humana.

Os cristãos devem refletir sobre Joana d'Arc, figura tão desprezada na França (sua terra natal) e tão admirada na Inglaterra (país contra o qual lutou). Joana era cristã de verdade; era verdadeiramente magnânima. Nas palavras de G.K. Chesterton:

> Joana d'Arc não ficou presa numa encruzilhada; não rejeitou todos os caminhos (como Tolstói) nem os aceitou sem distinção (como Nietzsche). Ela escolheu um caminho e o seguiu como um raio [...]. Tolstói apenas enaltecia o camponês; Joana era o camponês. Nietzsche apenas elogiava o guerreiro; Joana era o guerreiro. Ela superou ambos os autores em seus ideais antagônicos;

foi mais mansa do que o primeiro e mais violenta do que o segundo[11].

Joana d'Arc tornou-se comandante suprema das forças armadas francesas aos dezessete anos de idade. Sua missão: garantir a coroação do príncipe e, de quebra, expulsar os ingleses da França. Ela tinha uma visão elevada de si mesma e de sua missão; costumava dizer, cheia de satisfação: «Foi para isto que nasci!». Leonard Cohen, poeta e compositor canadense, expressou parte dessa grandeza na canção *Joan of Arc*, que traz um diálogo entre a francesa e o fogo que a consumiu bem diante dos soldados ingleses:

> Eu amo a tua solidão, o teu orgulho
> [...]
> Eu a vi tremer de dor, eu a vi chorar
> Eu vi a glória em seu olhar[12].

Há uma célebre frase de Joana d'Arc que diz: «Ajude a si mesmo e Deus o ajudará». Ela acreditou inteiramente em Deus e em si mesma. Quando perguntaram a ela por que era necessário reunir um exército se era da vontade de Deus que a França fosse libertada, ela respondeu: «Os soldados lutarão; Ele garantirá a vitória».

«Joana d'Arc era um ser tão mais elevado que o homem comum», afirma Winston Churchill, «que não se encontrará ninguém como ela nem em mil anos»[13].

A sociedade moderna precisa de homens e mulheres que

---

(11) G.K. Chesterton, *Orthodoxy*, SnowBall Classics, Middletown, 2015, págs. 24-25.
(12) Leonard Cohen, «Joan of Arc», *Songs of Love and Hate*, 1971.
(13) Winston Churchill, *The Birth of Britain*, capítulo 26.

acreditem no *homem*. São Paulo, o apóstolo da esperança teologal, é também o apóstolo da *humanidade* de Cristo: ele viu em Jesus o *homem perfeito* (Ef 4,13), o homem que praticou todas as virtudes *humanas* à perfeição, incluindo a magnanimidade. São Paulo era provavelmente o mais magnânimo dos apóstolos. Praticou a esperança humana – e não apenas a esperança teologal – na sua plenitude. Sua energia humana (reforçada pela graça de Deus) fez dele provavelmente o cristão mais *atuante* de todos os tempos.

Um cristão certamente deve estar consciente de suas limitações humanas, e deve buscar em Deus a força para superar o mundo. Mas isso não é tudo: o cristão também deve estar consciente de seus próprios talentos; deve aprender a confiar neles e fazer uso de todos os recursos disponíveis ao homem. Essa é uma condição vital para a existência da liderança.

Purifique suas intenções

A vaidade é a busca da falsa grandeza, da honra e da glória. Ser conhecido e receber honras não contribui para a perfeição do homem, pois a grandeza está em outro lugar: está na virtude e na excelência humanas.

Não há nada de intrinsecamente errado com a honra e a glória, mas o magnânimo nunca as busca por si mesmas. O desejo de alcançá-las é um obstáculo à conquista da virtude.

A vaidade aparece quando a glória e a honra tornam-se motivos de ação, ainda que sejam motivos secundários. Nossas ações nunca são totalmente más quando agimos buscando a virtude por si mesma, pela beleza que ela possui, e buscamos honra e glória apenas de maneira secundária. Nesse caso, a ação em si permanece virtuosa, mas um bom motivo acaba se misturando a um mau motivo, de maneira que bem e mal se confundem. É preciso muito trabalho (ao longo de muito tempo) para destruir essa forma sutil de vaidade e alcançar uma intenção verdadeiramente pura.

Magnanimidade não é o mesmo que megalomania

Certa vez, um aluno me perguntou: «Vladimir Lênin, Adolf Hitler e Margaret Sanger[14] eram maus, mas será que, no fim das contas, não eram também magnânimos?»

Para ser magnânimo, é preciso, em primeiro lugar, possuir a virtude da prudência (isto é, da sabedoria prática). A prudência é a luz que guia todas as virtudes, porque revela qual deve ser o comportamento virtuoso em cada situação. Quando não somos prudentes, não temos condições de distinguir o comportamento megalomaníaco do comportamento magnânimo.

Lênin, Hitler e Sanger praticavam a sordidez, não a prudência; foram megalomaníacos, não magnânimos. Não se interessavam pela prudência, uma vez que também não se interessavam pelo bem.

Alguns autores dizem que Lênin, Hitler e Sanger exerciam uma liderança livre de valores; na verdade, o que exerciam não era liderança de maneira nenhuma, mas sim manipulação, e de um tipo decididamente satânico. Ou a liderança é virtuosa ou não é liderança. Os gregos antigos foram capazes de compreender isso com perfeição[15], assim

---

(14) Sobre Margaret Sanger, ativista do controle de natalidade e fundadora da Planned Parenthood, cf. Alexandre Havard, *Virtudes & Liderança*, parte 1, capítulo 3.

(15) Cf. por exemplo a obra *Agesilaus*, de Xenofonte (444-354 a.C.).

como o foram aqueles que, nos tempos modernos, não perderam a medida do bom senso.

Magnanimidade e autoestima são coisas diferentes

Não devemos confundir magnanimidade com autoestima. Magnanimidade é uma virtude; autoestima é meramente uma sensação (o que não significa que seja ruim). A virtude é estável e objetiva; as sensações tendem a ser instáveis, e são sempre subjetivas. Uma pessoa pode acordar de manhã com a autoestima lá no alto e ir para a cama à noite sentindo-se péssima consigo mesma.

A magnanimidade diz respeito ao que se é; a autoestima diz respeito ao que se possui. Um homem pode ser pusilânime e, ao mesmo tempo, possuir grande autoestima; da mesma forma, um homem magnânimo pode ter a autoestima enormemente baixa.

Sentir-se bem consigo mesmo não é o mesmo que conquistar grandeza pessoal ou ter consciência de seus próprios dons e talentos; a adulação é suficiente para que nos sintamos bem com nós mesmos. Enquanto a magnanimidade advém do autoconhecimento, a autoestima depende de como os outros nos veem.

A «virtude da juventude»

Em geral, a prática da magnanimidade é mais fácil para os jovens do que para os mais velhos. Isso se dá porque os jovens tendem a ser esperançosos em relação ao futuro, e a sonhar que um dia farão coisas grandiosas. Os mais velhos, por outro lado, tendem a se voltar para o passado; preocupam-se em garantir o necessário para viver, e não desejam desbravar novas fronteiras[16]. A realidade, no entanto, costuma ser mais complexa do que isso. A magnanimidade não é necessariamente uma questão de idade; há jovens pusilânimes e sem nenhuma ambição, assim como há homens de mais idade que são magnânimos e que buscam alcançar a grandeza. Noutras palavras, há jovens que na verdade são «velhos», assim como há velhos que na verdade são «jovens». Embora tenha passado dezesseis anos em prisões soviéticas e campos de concentração, o engenheiro e escritor russo Dmitri Panin permaneceu jovem e conservou uma alma generosa, repleta de esperança e otimismo, até falecer em 1987 durante o exílio na França. Na segunda metade dos anos 1940, Panin e Alexander Soljenítsin estiveram no mesmo campo de concentração; em sua obra *O primeiro círculo*, Soljenítsin, retratou Panin na figura do personagem Dmitri Sologdin:

> Dmitri Sologdin [...] era uma não entidade, um escravo sem direitos. Estava ali havia doze anos, mas, por ter sido condenado uma segunda vez, não era possível saber como (ou se) ele seria libertado. Sua esposa desperdiçara a juventude esperando por ele; para não ser dispensada do emprego atual, assim como o fora de tantos outros, passou a fingir que não tinha marido e abandonou o hábito de lhe escrever. Sologdin havia enfrentado as florestas de Cherdynsk (ao norte dos Montes Urais), as minas de Vorkuta (acima do Círculo Ártico) e dois processos investigativos (um de seis meses, outro de um ano), tudo isso enquanto era atormentado pela falta de sono e tinha suas forças constantemente

---

(16) Cf. Aristóteles, *Retórica*, II, 12, 1389a,18-32; 1389b, 25-27.

drenadas – enfim, enquanto se esvaía. Seu nome e seu futuro há muito tempo haviam sido jogados na lama. Tudo o que ele possuía naquele momento eram um par de calças forradas e velhas e uma jaqueta de lona, ambos mantidos na despensa para o caso de uma necessidade maior. Recebia trinta rublos por mês – o suficiente para comprar três quilos de açúcar –, mas não em dinheiro. Respirava ar puro apenas quando expressamente autorizado pelos guardas da prisão.

Entretanto, em sua alma subsistia uma paz que nada parecia ser capaz de destruir. Seus olhos brilhavam como os olhos dos jovens; mesmo exposto ao frio congelante, andava de peito erguido, como se estivesse vivendo a vida em sua plenitude[17].

A alma, os olhos, o peito: paz, luz, plenitude. Poucos autores desde Aristóteles conseguiram captar a dimensão corporal da magnanimidade de maneira tão exata e concisa.

Quando se diz que a magnanimidade é a virtude da juventude, isso não significa que os jovens sejam magnânimos, e sim que os magnânimos permanecem jovens em espírito, seja qual for sua idade biológica.

Não obstante, os homens magnânimos e biologicamente jovens são indivíduos especiais; são como um presente para a humanidade. Esses homens nos impressionam e nos recordam constantemente quais são as coisas que importam e as que não importam. Agitam nossa rotina e nos chamam a viver de maneira plena.

No poema «O tolo», Padraic Pearse, advogado anglo-irlandês e líder das forças republicanas irlandesas durante a

---

(17) Alexander Soljenítsin, *In the First Circle*, Harper Perennial, Nova York, 2009, pág. 171.

Revolta da Páscoa de 1916 (levante que o levou à morte por execução), expressou com grande eloquência o radicalismo da magnanimidade, que é próprio da juventude:

> Desperdicei os mais esplêndidos anos que o Senhor
> Deus me deu na juventude
> Tentando alcançar o inalcançável,
> Imaginando haver nisso algum valor.
> Insensatez ou graça? Meu julgamento não cabe ao
> homem, e sim a Deus.
> Desperdicei os mais esplêndidos anos:
> Senhor, se eu os pudesse ter de novo, novamente os
> desperdiçaria.
> [...]
> Quando minha juventude estiver, por fim, esgotada,
> Voltar-me-ei para o meu povo, dizendo:
> Sejam tolos como eu fui; desperdicem ao invés de
> economizar;
> Arrisquem tudo para não perder aquilo que vale mais
> do que todas as coisas.

Foi depois de algumas experiências com universitários que decidi abandonar minha carreira de advogado para me dedicar ao estudo e ao ensino da liderança. Eu era professor de história da integração europeia e passava horas ajudando meus alunos a penetrar o coração e a mente dos pais fundadores da União Europeia: Robert Schuman, Konrad Adenauer, Alcide de Gasperi, Jean Monnet. Meus alunos ficavam admirados com a grandeza desses nomes, e eu me sentia cativado pelo entusiasmo contagiante da turma.

A magnanimidade da juventude, portanto, foi responsável por me trazer ao tema da liderança. Pode ser que um dia eu venha a deixar de dar aulas para executivos e homens de negócios, mas jamais abandonarei meus alunos mais jovens. É preciso inspirar antes de expirar; da mesma forma, preciso testemunhar a esperança antes de poder falar sobre ela.

Uma virtude capaz de abarcar a vida inteira

De acordo com Platão, as principais virtudes humanas são a prudência, a justiça, a fortaleza e o autodomínio. Ambrósio de Milão as chamava de *virtudes cardeais*, uma vez que todas as outras virtudes dependem delas. A palavra «cardeal» vem do latim *cardo*, que significa «dobradiça»; assim como as dobradiças sustentam a porta, as virtudes cardeais sustentam todas as outras virtudes. Todo ato de virtude requer: (1) prudência, que nos permite discernir aquilo que é bom em cada situação; (2) justiça, que nos impele a alcançar o que é bom; (3) fortaleza, que nos dá coragem, resistência e perseverança para seguir na direção do bem; (4) autodomínio, que impede nossas paixões de nos desviar do caminho do bem.

As virtudes cardeais são as virtudes «de base», o que não significa que sejam as maiores virtudes. Aristóteles chamava a magnanimidade de «ornamento das virtudes», porque ela permite que as outras virtudes atinjam a perfeição. Nesse sentido, é superior às virtudes cardeais.

A magnanimidade imprime novo vigor e nova paixão à prática das outras virtudes, trazendo-as para o plano da busca pela grandeza, incentivando-as a superar a si mesmas.

O magnânimo não busca apenas o bem específico de cada virtude, mas também a grandeza que cada virtude contém, e que possibilita o florescimento de toda uma personalidade e a conquista da perfeição. Da mesma forma, o magnânimo não busca se afastar do vício simplesmente pelo mal específico que o vício causa, mas sim pela pequenez, pelo rebaixamento, pelo declínio que cada vício necessariamente enseja.

A magnanimidade define um estilo de vida centrado no florescimento da personalidade humana.

Capítulo 2
O ideal de humildade

Se a magnanimidade afirma nossa própria dignidade e nossa própria grandeza, a humildade afirma a dignidade e a grandeza dos outros. Liderar é trazer as pessoas para perto em vez de empurrá-las para longe, é ensinar em vez de dar ordens, é inspirar em vez de repreender. Dessa forma, a liderança tem menos a ver com demonstrações de poder do que com a capacidade de conferir poder aos outros. Praticar a humildade é despertar a grandeza naqueles que estão ao nosso redor, dar-lhes a possibilidade de realizar plenamente seus potenciais humanos. Nesse sentido, o líder é sempre um professor e um pai (ou uma mãe). Seus «seguidores» são aqueles a quem o próprio líder serve. A humildade é a segunda virtude característica do líder.

A humildade, assim como a magnanimidade, inflama as almas generosas ao mesmo tempo em que aterroriza os corações egoístas. E, no entanto, é mais fácil falar sobre a magnanimidade do que sobre a humildade, pois muitos querem ser grandes, mas poucos querem servir. *O fato é que não se pode ser grande quando não se tem disposição para servir aos outros. É precisamente servindo aos outros que nos tornamos grandes.*

John Wooden, um dos mais célebres técnicos de baseball

dos Estados Unidos, vencedor de dez títulos nacionais num período de doze anos, costumava dizer: «A grandeza pessoal de um líder se mede pela sua capacidade de despertar a grandeza nos homens que lidera»[1].

Se a magnanimidade é fonte de energia para o florescimento da personalidade, a humildade dá direção a essa energia.

A grandeza que se conquista despertando-se a grandeza nos demais

A liderança não é um exercício de individualismo. Na magnanimidade não pode haver egoísmo – essa força que nos impele a negar a importância dos outros ao mesmo tempo em que exageramos a nossa.

Segundo o filósofo russo Vladimir Soloviev:

> O erro e a perversão do egoísta não residem no fato de que ele tem a si mesmo em alta conta, ou de que acredita ser infinitamente importante e digno. Em relação a essas coisas, o egoísta tem razão [...]. Todas as pessoas possuem dignidade e valor absolutos, de modo que não devem jamais subestimar a si mesmas [...]. O erro e a perversão fundamentais do egoísta não residem nessa autoconsciência e nesse respeito absoluto que ele tem por si, mas sim em negar injustamente a importância dos outros após ter atribuído a si próprio uma importância incondicional. Reconhecendo-se como centro da vida (algo que de fato é), o egoísta relega os outros à margem da existência, atrelando a eles um valor meramente superficial e relativo[2].

---

(1) J. Wooden e S. Jamison, *Wooden on Leadership*, McGraw-Hill, Nova York, 2007, pág. 179.
(2) Vladimir Soloviev, *O sentido do amor*, 2-III.

Além de reconhecer nossa dignidade e grandeza, temos de reconhecer a dignidade e a grandeza dos outros, e devemos também servir-lhes. Por meio dessa magnanimidade *humilde* (uma magnanimidade voltada para o serviço), Darwin Smith despertou a grandeza em seus colegas. Por meio dessa mesma magnanimidade *humilde*, Joana d'Arc pôde despertar a grandeza em seus soldados e tocar os corações de milhões de seus compatriotas. Sete anos após sua morte, como ela havia previsto, os ingleses foram expulsos do território francês. Esse acontecimento, no entanto, teve importância menor se comparado ao ressurgimento espiritual da França que essa mulher ensejou.

O exemplo da Michelin

Em 1954, quando se tornou diretor da fabricante de pneus que leva seu sobrenome, François Michelin tinha 28 anos. Ele ocupou até aposentar-se, em 2002, o escritório originalmente utilizado por Édouard Michelin, seu avô e fundador da empresa. Trata-se de uma sala pequena, notável por seu aspecto discreto e modesto. Certo dia, um funcionário que estava perto de se aposentar procurou François para se despedir dele. O funcionário então se lembrou de quando tinha dezesseis anos e sua função na empresa consistia em distribuir as correspondências dos demais funcionários. Houve uma ocasião em que ficou encarregado de entregar pessoalmente uma carta a Édouard, avô de François. O jovem bateu à porta daquele mesmo escritório e ouviu a voz do fundador da empresa vindo do outro lado: «Queira entrar, *monsieur*. Puxe uma cadeira». Esse sinal de respeito da parte do chefe teve profundo impacto sobre o jovem funcionário; aquelas palavras e aquela postura permaneceram para sempre em seu coração. O fundador da empresa tinha profundo respeito pelos outros, não importava qual fosse sua posição social.

François Michelin foi herdeiro dessa tradição. Sabia bem que o termo *monsieur* é uma contração de *mon seigneur* [«meu senhor», em francês]. Significa reconhecer a existência de um ser humano único, possuidor de uma parte da verdade que não possuo. Quando François Michelin falava, sua linguagem era simples e acessível a todos. Trata-se de uma linguagem que tanto os gerentes como os membros do sindicato e os demais funcionários entendiam. «Prefiro usar palavras simples para ter certeza de que sou capaz de entender o que eu mesmo digo». Não se trata de um clichê pretensamente humilde, mas sim de um reflexo do profundo respeito que ele tinha pelas pessoas às quais se dirigia.

Em janeiro de 2010, visitei François Michelin na sede da sua empresa em Clermont-Ferrand, na França. Nossa conversa durou duas horas e meia, durante as quais ele recebeu três ligações importantes. Essas ligações, conforme vim a saber mais tarde, tinham relação com uma campanha difamatória da qual ele vinha sendo alvo na mídia. A situação naquele momento não devia ser nada agradável para François, mas ele não parecia nem um pouco perturbado ou distraído; pelo contrário, estava totalmente concentrado em nossa conversa. Assim que desligava o telefone, dava um sorriso, pedia desculpa pela interrupção, olhava-me nos olhos e retomava o assunto exatamente de onde havíamos parado. Em François Michelin era possível ver autodomínio, serenidade e, acima de tudo, respeito pelos outros (por cada pessoa em sua existência única e insubstituível) e um grande desejo de servir.

Um ex-colaborador relata:

> O que mais me impressiona em François Michelin é a atenção que dedica às pessoas, a preocupação que tem por promover o crescimento daqueles que estão ao seu redor. Ele tem grandes ambições em relação à sua empresa,

mas são ambições que não destroem aqueles que estão ali justamente para concretizá-las [...]. Seu eu interior é até mais forte do que seu lado «capitão de indústria»[3].

Para servir aos demais, é necessário primeiro saber ouvi-los. «Veja como as minhas orelhas se projetam para frente», dizia François. «São como um diploma – do qual, aliás, eu tenho muito orgulho».

Ajudar um homem a se tornar aquilo que ele é – eis aí a coisa mais importante para François Michelin. Foi graças a esse espírito que Marius Mignol – um funcionário sem educação formal – pôde inventar o pneu radial que revolucionou toda a indústria automotiva. Mignol foi contratado originalmente para trabalhar no setor de impressão da empresa, mas Édouard Michelin entrou em contato com seu diretor de recursos humanos e lhe disse: «Não julgue as pessoas pela aparência. Lembre-se de que é preciso quebrar a pedra para encontrar o diamante escondido».

Mignol foi então transferido para um setor puramente comercial, responsável pelo gerenciamento de mercados internacionais. Certo dia, Édouard Michelin notou a presença de um objeto estranho sobre sua mesa – uma espécie de régua de cálculo. O objeto havia sido criado por Mignol com o intuito de agilizar o processo de conversão de moedas estrangeiras. Édouard ficou impressionado com a perspicácia do funcionário e logo compreendeu que se tratava de um gênio. Mignol foi então transferido para a divisão de pesquisas num momento decisivo para a indústria. O pneu convencional daquela época havia atingido o limite de sua funcionalidade por causa de sua tendência a esquentar demais em velocidades elevadas. Para estudar as diferentes variações de calor

---

(3) Cf. *Michelin: Son histoire, ses champions, les héros du quotidien*, La Montagne, Clermont-Ferrand, 2007.

dentro do pneu, Mignol inventou a chamada *cage à mouche* (literalmente, «armadilha para moscas») – um pneu cujas laterais eram substituídas por cabos metálicos separados uns dos outros. O resultado foi o revolucionário pneu radial.

Foi graças ao interesse de Édouard Michelin pelas pessoas e por seu crescimento pessoal e profissional que Marius Mignol pôde descobrir seu verdadeiro talento e colocá-lo a serviço dos outros.

O respeito de François Michelin pelas pessoas e seu desejo de servir eram manifestações da humildade, mas tudo isso também tem a ver com bom senso. «Diz-se que os fatos são teimosos, mas na verdade os teimosos somos nós», afirmava ele. «Recusamo-nos a aceitar os fatos, recusamo-nos a aceitar a verdade sobre o homem. Temos fixação por coisas, mas o motor mais poderoso que existe é a energia *humana*».

Longe de ser um obstáculo ao desenvolvimento de um projeto, a humildade é decisiva para o seu sucesso; tanto é assim que a Michelin cresceu a ponto de se tornar a líder mundial do setor de pneus.

Humildade como ideal

O ideal da humildade fraterna – isto é, o ideal de servir – fincou suas raízes no mundo greco-latino não por meio da filosofia antiga, mas sim por meio do cristianismo. Como disse Jesus, *o Filho do homem não veio para ser servido, mas para servir* [...]. *Eu estou no meio de vós, como aquele que serve* (Mc 10,45; Lc 22,27; cf. também Mt 20,28). Cristo resumiu a humildade no mandamento que instrui os fiéis a servir uns aos outros: *Todo aquele que quiser tornar-se grande entre vós, se faça vosso servo* (Mt 20,26).

Para entender o significado da humildade, primeiro é preciso entender quem é Deus, pois Deus é, em si mesmo, uma família, e cada membro dessa família é um modelo perfeito de humildade. As três pessoas divinas – o Pai, o Filho e o Espírito Santo – estão em comunhão tão perfeita que cada uma delas existe unicamente para os outros. Em Deus, ser uma Pessoa significa ser uma «dádiva» para os outros. A mesma medida deve ser aplicada ao homem; para ele, ser uma pessoa também significa ser uma «dádiva» para os outros. Sem essa humildade, é impossível alcançar a realização pessoal[4].

Estamos a serviço dos outros quando suprimos suas necessidades materiais e espirituais. A maneira mais elevada de servir é despertar a grandeza naqueles que nos cercam. Cristo serviu a seus discípulos ao ensiná-los, corrigi-los e desafiá-los. Cristo serviu a seus discípulos despertando neles a grandeza pessoal.

A humildade fraterna é um dos frutos do verdadeiro amor. Amar uma pessoa é sobretudo ajudá-la a crescer como ser humano, como indivíduo e como filha de Deus, de maneira que ela possa cumprir plenamente o mandamento divino: *Sede perfeitos, assim como vosso Pai celeste é perfeito* (Mt 5,48). Perfeição, excelência e santidade são três sinônimos de grandeza.

A humildade, assim como a magnanimidade, é fonte de alegria. Servindo aos outros com o coração, a mente e a vontade, o líder descobre o significado e o valor de sua própria vida; tem a experiência direta da grandeza associada à dignidade humana e do vínculo místico que une toda a humanidade. O orgulho e o egoísmo, assim como a pusilanimidade, são fontes de tristeza, amargura e pessimismo.

---

(4) Cf. João Paulo II, Carta Apostólica *Mulieris Dignitatem*, 15.08.1988, 7.

CAPÍTULO 3

Desenvolver um sentido moral

Apontamos alguns aspectos centrais da magnanimidade e da humildade – virtudes características do líder. Resta agora esclarecer como o líder pode desenvolver essas virtudes, que é a questão fundamental da vida humana (e deste livro). Antes de entrar nesse assunto, no entanto, faz-se necessário considerar o desenvolvimento de um senso moral que é precondição do crescimento na virtude.

Ouça e obedeça a sua consciência

Para desenvolver um sentido moral, é necessário sobretudo que saibamos ouvir nossa consciência e que a adotemos como parâmetro de vida.

Vera Gangart (que assume o papel de heroína no romance *Pavilhão de Cancerosos*, de Alexander Soljenítsin) morreu na primavera de 2007 e foi sepultada em Helsinki, na Finlândia. Na verdade, quem morreu foi a Dra. Irina Meyke, que serviu de inspiração para a personagem de Soljenítsin. Conheci Irina alguns meses antes de sua morte e pude ouvi--la falar sobre sua história memorável.

Quando viu Soljenítsin pela primeira vez, Irina trabalhava de oncologista em Tashkent, capital da República Socialista Soviética do Uzbequistão. Era janeiro de 1954. Soljenítsin tinha então 35 anos; era oficial do Exército Vermelho e escritor aspirante. Tendo sobrevivido por anos nos campos de concentração e nas prisões soviéticas, ele agora sofria de um câncer no abdômen. «Ninguém seria capaz de sobreviver tanto aos campos de concentração quanto ao câncer. Mas ele foi. Eu precisava ajudá-lo, porque ele precisava viver!».

Irina dedicou toda a sua habilidade profissional e suas energias físicas à cura desse sobrevivente do Gulag, desse «inimigo do povo». Dez anos depois, Soljenítsin enviou-lhe uma cópia do seu primeiro livro, *Um dia na vida de Ivan Denisovich*, com uma dedicatória que dizia: «À doutora que me salvou da morte».

Depois de se recuperar da doença, Soljenítsin embarcou numa nova vida – uma vida que, nas palavras do próprio escritor, «não me pertencia, já que estava totalmente subordinada a um objetivo». Foi em grande parte graças a Irina que a histórica obra *Arquipélago Gulag* pôde ver a luz do dia.

Embora tivesse sido criada sob a influência do ateísmo militante, Irina Meyke foi uma dessas almas benevolentes (mais numerosas, aliás, do que geralmente se imagina) que permaneceram fiéis e atentas à voz da consciência ao longo de toda a vida.

Conforme exclamou o padre ortodoxo que presidiu as celebrações funerárias de Irina: «Ouvir a voz da consciência e viver de acordo com ela em pleno regime comunista: eis aí um ato de heroísmo».

Ouvir a voz da consciência e viver de acordo com ela é sempre algo heroico. Não permita que sua consciência seja sufocada pela infidelidade, pela busca do conforto ou pelo desejo irrefletido de seguir o caminho mais fácil. Seguir a voz da consciência é tarefa difícil, mas é também essencial para quem pretende ser um líder e viver de maneira virtuosa.

A propósito, lembro-me de uma jovem letã que participou de um seminário sobre liderança que ministrei na Universidade de Riga. Trajando roupas mínimas que mais expunham do que escondiam, a jovem (uma espécie de Marilyn Monroe do leste europeu) sentou-se na primeira fila junto com o namorado. Abri meu seminário com a pergunta: «O que é liderança?»; ela imediatamente ergueu o braço e foi logo dizendo: «Liderança é *poder*!».

No ano seguinte, voltei à mesma universidade para ministrar meu seminário outra vez. A sala era a mesma do ano anterior, mas o público era totalmente diferente, com exceção de uma jovem – nossa Marilyn Monroe letã. Lá estava ela de novo, agora com uma aparência inteiramente renovada e superior, que lembrava a elegância reservada de uma Audrey Hepburn. Ela veio falar comigo antes do seminário e me perguntou se podia tomar a palavra por alguns instantes, antes que eu desse início à minha apresentação. Essa jovem disse que queria explicar aos participantes ali reunidos que aquele seminário de fato podia mudar suas vidas, assim como havia mudado a dela; que a liderança, além de ser uma questão de caráter, também exigia um profundo esforço de transformação pessoal; e que valia a pena fazer esse esforço, pois a alegria de alcançar a transformação é imensa.

«Audrey» e «Marilyn» não tinham nada em comum. Tudo havia mudado: as roupas, a postura, a expressão facial, o sorriso e a maneira de falar. Essa transformação radical – a um só tempo física e espiritual – é fruto da *metanoia*, da conversão do coração, da mente e da vontade. Mas, acima de tudo, é algo que se conquista ouvindo atentamente a voz da consciência.

Não podemos desenvolver esse senso moral se não damos ouvidos à nossa consciência e se não a obedecemos fielmente. É preciso ouvir para obedecer, pois aquele que não vive de acordo com o que pensa acaba pensando de acordo com o que vive – em outras palavras, acaba encontrando justificativa até para as ações mais torpes. Como disse certa vez Joseph Brodsky, poeta de origem judaica nascido na União Soviética, vencedor do Prêmio Nobel de Literatura em 1987: «Negar Deus é cegueira, mas também costuma ser um comportamento sujo, análogo ao dos porcos». Alguns negam as realidades mais elevadas porque é mais fácil viver assim, isto é, como um porco.

Concentre-se mais em si mesmo do que em suas ideias

O bem é intrínseco ao homem, assim como o mal. Ao negar a existência do mal que jaz no coração do homem e enfatizar exclusivamente os ideais de reforma social, a filosofia iluminista prestou um desserviço à humanidade. Formou pessoas amplamente ignorantes de conceitos como crescimento pessoal e aperfeiçoamento moral, pessoas que depositam todas as esperanças no progresso social e na política.

Conforme diz o filósofo russo Sergei Bulgakov:

Rousseau, assim como toda a filosofia iluminista, pensava que [...] o pecado original era um mito supersticioso sem correspondência nenhuma com a experiência moral [...]. Nesse contexto, o mal se explicaria por anomalias externas advindas da sociedade humana; com isso, a função da organização social seria superar as anomalias externas. Não há culpa e não há responsabilidade pessoal;

cabe à organização social superar as anomalias externas por meio, é claro, de reformas externas[1].

«Os homens são como árvores numa floresta», diz Eugênio Bazárov, personagem principal da obra *Pais e filhos*, escrita por Ivan Turguêniev. E prossegue:

Os males morais são fruto [...] do estado lamentável em que se encontra a sociedade [...]. Basta melhorar a sociedade e esses males desaparecerão [...]. Quando a sociedade estiver bem organizada, já não importará mais o fato de alguém ser inteligente ou estúpido, bom ou mal[2].

Com sua visão mecanicista e amoral do ser humano, a filosofia iluminista criou o «homem horizontal», o «homem massa» – um zumbi que é incapaz de conceber algo como o crescimento pessoal, uma vez que perdeu há muito seu senso de individualidade e dignidade.

Um bom exemplo de «homem horizontal» é Javert, o inspetor policial que aparece em *Os miseráveis*, de Victor Hugo. Javert é obcecado pelo cumprimento da lei; a lei e a ordem são seus deuses. Não acredita no homem ou na capacidade humana de mudar; só acredita no sistema, do qual ele próprio é uma mera engrenagem. Javert se parece muito pouco com uma pessoa de carne e osso – de fato, não chegamos sequer a conhecer seu primeiro nome. Quando Jean Valjean vence o sistema graças à sua virtude, Javert se atira no rio Sena e morre afogado.

No século XIX, autores como Nikolai Gógol e Anton Tchékhov demonstraram ter plena consciência do drama causado por essa nova concepção de homem e de sociedade. O mais impressionante no que diz respeito à vida desses gi-

---

(1) Sergei Bulgakov, *Geroizm i podvizhnichestvo*, Vehi, Moscou, 1909.
(2) Ivan Turguêniev, *Pais e filhos*, capítulo 16.

gantes da literatura não é propriamente sua crítica *verbal* do Iluminismo, mas sim a paixão com que *viviam* a partir de princípios diametralmente opostos aos da filosofia das luzes. Gógol não se contentava em *afirmar* que a mudança social é inútil num contexto em que as pessoas não se esforçam por tentar transformar-se a si mesmas. Passou da afirmação à ação: «Ainda estou construindo e desenvolvendo meu caráter», escreveu ele a um amigo. «Mais especificamente, estou no momento realizando uma profunda operação de transformação interior»[3].

Tchékhov também faz mais do que afirmar sua intenção de mudar: ele de fato trabalha em seu eu interior. Conforme diz o próprio autor: «Procuro treinar a mim mesmo tanto quanto possível»[4]. Nas palavras do poeta Kornei Tchukóvski:

> Tchékhov conseguiu dominar seu temperamento impulsivo abandonando tudo aquilo que era baixo e vulgar e conquistando uma delicadeza e uma doçura que nenhum outro escritor de sua geração possuía [...]. O caráter nobre de Tchékhov não caiu dos céus. Suas elevadas qualidades espirituais foram resultado de uma dolorosa batalha interior, um troféu que ganhou com muito esforço [...]. A independência memorável de seus gostos e opiniões, o desprezo ousado que nutria pelos grandes ideais e slogans da *intelligentsia* de sua época – tudo isso assustava seus críticos liberais, que despoticamente esperavam dele uma obra inteiramente submissa aos cânones sectários que cultivavam. Era preciso ter muito caráter para lidar com essa situação[5].

---

(3) Cf. Nikolai Gógol, *Vybrannye mesta iz perepiski s druziami*, Azbuka-Klassika, São Petesburgo, 2008, pág. 9.
(4) Kornei Tchukóvski, *O Chekhove*, Russkii Put, Moscou, 2008, pág. 35.
(5) *Idem*, págs. 54-55.70.

Em vez de depositar nossas esperanças no progresso social e na ideologia, devemos fortalecer nosso caráter e desenvolver nossas virtudes. Essa é uma posição de princípio que revela a maturidade daqueles que a adotam e a imaturidade daqueles que a ignoram, consciente ou inconscientemente.

Concentre-se mais em seu caráter do que em suas maneiras

Lembro-me de um caso no qual trabalhei quando era um jovem advogado. Dizia respeito a um casal e seu bebê. Certo dia, cansados dos gritos incessantes do menino, pai e mãe decidiram colocá-lo dentro da geladeira. O bebê morreu e os pais foram condenados à prisão. Eram pessoas comuns: tinham casa, carro, televisão, cachorro... e um bebê.

Assim como esse casal tão abjetamente negligente, podemos ter elegância, traquejo e boa educação – e, no entanto, jamais cometeríamos o crime hediondo que eles cometeram. Mas será que nossos corações são de fato mais puros que os deles? Será que nosso senso moral é mais aguçado?

Muitos se esforçam para ficar mais bonitos e para impressionar os outros, ao mesmo tempo em que negligenciam seu próprio caráter e são incapazes de desenvolver um senso moral. É o caso de Catarina, a Grande, princesa alemã que se tornou imperatriz da Rússia (1762-1796). O eminente historiador russo Vassíli Kliutchévski a descreve da seguinte maneira:

> Catarina desenvolveu qualidades altamente valiosas que aplicava à vida cotidiana [...]. O autoexame, feito com frequência, mantinha-a num constante estado de mobilização [...]. Tinha uma habilidade inigualável para ouvir todo tipo de tolice; com delicadeza, ajudava os

interlocutores mais inábeis a encontrar a palavra certa. Assim, conquistava as pessoas, fazia com que elas se abrissem, inspirava-lhes confiança. [...] Catarina possuía aquilo que se pode chamar de poder de sugestão, e o possuía em grau elevado: em vez de dar uma ordem, bastava a ela tão somente expressar um desejo para que as mentes impressionáveis o tomassem como seu e o realizassem da maneira mais entusiasmada. [...] Catarina, no entanto, desenvolveu o hábito de concentrar-se mais em suas maneiras do que em seus sentimentos. [...] Sua formação moral insuficiente afastou-a do caminho correto do desenvolvimento pessoal, no qual havia sido posta por sua natureza feliz. [...] Catarina percebia suas próprias fraquezas sem nenhum peso na consciência, sem nenhum arrependimento ou remorso. [...] A árvore do autoconhecimento, quando privada do senso moral, produz o fruto maléfico da presunção. [...] Por ter se voltado apenas ao intelecto e por não ter tido nenhum cuidado com as coisas do coração, Catarina agia de modo superficialmente brilhante, mas raramente alcançava grandeza ou demonstrava criatividade[6].

Esse retrato de Catarina merece reflexão e pode nos servir como exame de consciência. Eis aí uma caracterização fiel da mediocridade disfarçada de «grandeza», um retrato de todos aqueles que, não tendo nenhum sentido moral, são incapazes de crescer na virtude e se veem obrigados a liderar não pelo caráter (já que não o possuem), mas sim por relações humanas que frequentemente degeneram em manipulação. E o resultado é sempre o mesmo: muito som e fúria, pouca grandeza e criatividade. Poder-se-ia dizer, em resumo: um vácuo de liderança autêntica.

---

(6) Vassíli Kliutchévski, *Istoria Rossii*, capítulo 75.

Embora tenha recebido o epíteto de «a Grande», Catarina foi responsável pelo encarceramento, tortura e exílio de algumas das mentes mais genuinamente brilhantes de sua geração – Nikolai Novikov e Alexander Radishchev, por exemplo, dois escritores e filantropos que criticavam publicamente a servidão e buscavam elevar o nível cultural e educacional do povo russo. Novikov e Radishchev eram homens de caráter, recordados pela história graças ao caráter que possuíam; Catarina, por outro lado, é lembrada por seu egoísmo.

Capítulo 4
Desenvolver a magnanimidade

Passemos agora a refletir sobre os meios que nos permitem crescer em magnanimidade.

Busque um homem de verdade

Para crescer em magnanimidade, devemos buscar a companhia de pessoas de excelência, conscientes da sua dignidade e a manifestem na maneira como vivem. Diógenes de Sinope carregava uma lanterna acesa em plena luz do dia, dizendo: «Estou em busca de um homem de verdade». Nós devemos fazer o mesmo, forjando amizades com pessoas que nos inspiram por suas qualidades pessoais luminosas – por sua magnanimidade, acima de tudo.

Embora os homens verdadeiramente magnânimos possam parecer raros, é possível que os conheçamos em maior número do que pensamos.

Certa vez, um participante de um seminário que eu

ministrava em Almaty, Cazaquistão, perguntou-me: «Na sua opinião, quem foram os maiores líderes da história?» O grupo provavelmente imaginava que eu fosse citar ali os nomes mais comuns: Churchill, De Gaulle, Gandhi e Steve Jobs. Pensei por alguns segundos e respondi, cheio de convicção: «Meus pais!» Meu interlocutor claramente não esperava que fosse dar essa resposta e ficou perplexo. Bastaram alguns segundos, no entanto, para que a sala inteira me aplaudisse de pé. Naquele momento, a vida comum foi ovacionada.

Para descobrir a grandeza naqueles que nos cercam, devemos abordar a vida de maneira positiva e reconhecer que todos têm suas forças e fraquezas. Devemos aprender a filtrar os eventos que fazem parte da nossa memória de maneira a recordar apenas as coisas positivas. Como um *tamada* georgiano[1] que propõe um brinde à grandeza de seus convidados com poesia e bom humor, sem jamais recorrer à bajulação, devemos ter sempre no coração as mais belas memórias sobre aqueles que nos acompanham pelos caminhos e estradas da vida.

Os primeiros a nos acompanhar são nossos pais, avós, irmãos e irmãs. Nas linhas a seguir, eu serei o *tamada* e meus convidados serão os membros da minha família. À medida que for lendo, coloque-se também no lugar do *tamada* georgiano tradicional e ofereça um brinde às pessoas que você mais ama.

Meu pai chama-se Cyril, que em grego significa «nobre», «senhoril». Ele é, de fato, um homem de grande nobreza; não conhece limites e possui um espírito grandioso. É também um ávido navegador e, como tal, só encontra verdadeira

---

(1) O *tamada* é um mestre de cerimônias que preside diversos tipos de celebração (as de casamento, por exemplo) na Geórgia.

paz quando está no mar. Por ter esse jeito espontâneo e desinibido (correspondente à sua alma russa), alguns o amam e outros o odeiam. Se não estiver aterrorizando a alta sociedade parisiense, certamente estará em casa, na região da Transcaucásia, desfrutando o ar fresco das montanhas e redigindo suas memórias.

Minha mãe chama-se Irène, que significa «pacífica» em grego. Sua personalidade, no entanto, está longe de corresponder ao nome. Minha mãe tem um temperamento incendiário e está sempre em pé de guerra; quando ama, ela o faz até as últimas consequências. Em tempos difíceis, centenas de jovens encontraram refúgio em seu coração materno. O que mais me impressiona nela é sua lealdade.

Madeleine é minha avó materna. Ela se lembra com carinho do pai, que era oficial do exército francês. Quando era garotinha, na virada do último século, ele a levava para passear de cavalo pelas ruas de Paris. Seu temperamento é tão incendiário quanto o da minha mãe. Tem grande amor por Deus e me ensinou a rezar. Nos anos 1930, casou-se com meu avô, Artchil, um aristocrata georgiano que escapou das garras do regime comunista. Artchil é o epítome da bondade e da generosidade humanas. Seu caráter foi forjado pelo sofrimento. Sempre que nos vê – seus netos –, abre logo um sorriso e nos acolhe com o olhar.

Nina é minha avó paterna. Nasceu em São Petersburgo, na Rússia. Em 1920, aos dezoito anos de idade, fugiu do país com seus pais e suas duas irmãs. Nina é toda doçura e luz. Foi ela quem me transmitiu o idioma de sua terra natal. Tem profunda paixão pela literatura de Tchékhov, mais do que por qualquer outra coisa. Casou-se com meu avô Pavel em Paris; ele era um imigrante russo que havia perdido os pais durante a guerra civil desencadeada pela Revolução Bolchevique. Os únicos bens que meu avô possuía eram sua grande inteligência e sua serenidade natural. Ele sabe ouvir os outros e se esforça para compreendê-los. Não são poucos os que buscam seus conselhos.

Stephen, meu irmão, não foi feito para este mundo. Gosta de ficar horas pairando sobre a terra com seu paraquedas ou mergulhando nas profundezas do mar com seus tanques de oxigênio. É um homem de ação, um grande atleta, um intelectual e um poeta. Se tivesse vivido entre os antigos, teria sido Alexandre, o Grande.

Minha irmã, Mary, é tudo aquilo que uma mulher sonha em ser. Aos dezessete anos, deixou para trás o conforto acolhedor do lar para ser voluntária e ajudar os pobres nas periferias de Paris. Ela é a heroína da minha juventude. Se tivesse vivido na Idade Média, teria sido Joana d'Arc[2].

Passei minha infância rodeado de pessoas de grande qualidade moral, intelectual e física. Frequentemente penso sobre meus pais, avós e irmãos, e neles encontro exemplos daquela grandeza vivida no cotidiano.

O romance *Anna Kariênina*, de Tolstói, começa com as seguintes palavras: «Todas as famílias felizes se parecem; cada família infeliz é infeliz a seu próprio modo». Minha experiência, no entanto, me diz o contrário: a felicidade é sempre original, porque é fruto do amor e da virtude, que são sempre novos e criativos; a infelicidade, por outro lado, é monótona, assim como é monótona uma vida sem amor e sem virtude.

Houve uma ocasião em que um participante de um dos meus seminários sobre liderança me disse: «Meu pai me abandonou antes do meu nascimento. Minha mãe me tratava mal e hoje em dia sequer nos falamos. Onde é que eu vou encontrar grandeza?»

---

(2) No momento em que escrevo estas linhas, todos os familiares mencionados já faleceram, com exceção do meu pai, Cyril, e da minha irmã, Mary.

Não podemos escolher nossos pais, mas podemos nos cercar de companhias virtuosas que nos ajudem a preencher o vazio moral criado pelas limitações que eles possuem. O primeiro passo é tomar consciência da ausência de influências positivas em nossas vidas; em seguida, é preciso tomar uma atitude para corrigir a situação. Reconhecer o problema e determinar um curso de ação é provavelmente a atitude de liderança mais significativa que alguém pode tomar. Somos livres para escolher nossos amigos; se os escolhemos bem, a influência positiva que exercem sobre nós pode ser maior até do que aquela exercida por nossos pais.

Em meu primeiro ano de Direito em Paris, conheci um colega chamado Maxime. Ele tinha duas grandes paixões na vida: Bruce Lee e a Virgem Maria. Não levou muito tempo para que nos tornássemos grandes amigos. Costumávamos ver filmes do Bruce Lee depois das aulas, ou então íamos à Catedral de Notre-Dame visitar Nossa Senhora. Um dia, Maxime me convidou para ir a um centro do Opus Dei perto da *rue* Mozart. Lá, fui apresentado a Xavier, diretor do centro. Xavier era vinte anos mais velho que nós e dava aulas de História na Sorbonne; era um dos maiores especialistas em Revolução Mexicana. Em pouco tempo, tornou-se meu mentor e diretor espiritual. Graças ao seu interesse paternal por minha vida interior – e graças também à sua vida profissional exemplar e à sua amizade –, Xavier influenciou-me muito e de maneira sempre positiva. Foi ele quem me ajudou a entender as palavras de São Paulo na Primeira Carta aos Coríntios: *É como está escrito: coisas que os olhos não viram, nem os ouvidos ouviram, nem o coração humano imaginou, tais são os bens que Deus tem preparado para aqueles que o amam* (1Cor 2,9). Foi ele quem me levou a descobrir minha vocação.

Os amigos não podem substituir os pais, mas há um momento na vida em que os superam em importância.

A grandeza pode ser encontrada entre nossos familiares e

amigos, mas também aparece em outras pessoas que conhecemos ao longo da vida. Quando a encontramos assim, em alguém que acabamos de conhecer, não devemos ter medo de nos aproximar; devemos contemplar essa pessoa, estudá-la, admirar suas virtudes e buscar imitá-la.

Permita que a beleza penetre o seu espírito

Há obras primas da cultura mundial nas quais a ética e a estética convergem de tal maneira que nossa sensibilidade se vê transportada às mais elevadas altitudes. A euforia resultante nos ajuda a escapar da complacência, da mediocridade e do jeito burguês de ser. Essas obras revelam a grandeza do homem e despertam a sede de viver, de realizar grandes coisas e de sacrificar-se pelo bem.

Depois de ler *Joana d'Arc*, de Mark Twain (obra que destoa bastante das outras escritas pelo autor, mas que ele próprio considerava seu melhor livro), tive uma sensação igual à que me sobreveio após a leitura de *Crime e castigo*, de Dostoiévski – uma sensação de euforia. Joana d'Arc e Sônia Marmiéladov (uma personagem do romance) evocam em mim emoções fortes, similares às que sinto quanto contemplo uma bela imagem da Mãe de Deus.

Lembro-me de vários filmes que me emocionaram profundamente, como *O espelho*, de Andrei Tarkóvski, *Carruagens de fogo*, de Hugh Hudson, e *O franco-atirador*, de Michael Cimino. Lembro-me das músicas de Jacques Brel, cujas letras parecem me dar um chacoalhão.

Lembro-me do cântico litúrgico «Minha alma glorifica o Senhor», da *Vigília* de Rachmaninoff, interpretado pela solista Klara Korkan. Trata-se de um hino em homenagem à beleza e à grandeza da criação divina. Anos atrás, eu e meus amigos costumávamos passar o verão na costa do Atlântico; à noite, ouvíamos a interpretação arrebatadora de Klara, cuja voz se fundia ao ruído das ondas e ascendia ao céu aberto, iluminado pela luz da lua. Ali, estávamos permeados pelo poder e pela glória de Deus.

É por meio da estética que a ética – isto é, a virtude – recupera suas forças perdidas em tempos modernos. «A beleza salvará o mundo», disse Dostoiévski no seu romance *O idiota*, pois ela é a expressão mais completa e imediata da Verdade e do Bem. Cada pessoa tem seu gosto para arte, mas todos somos chamados a nos deixar penetrar pela beleza e a responder a ela de maneira apropriada.

Descubra e viva sua vocação

Para uma alma magnânima, nada causa mais sofrimento do que perder uma oportunidade; deixar de aproveitá-la por causa do medo e da preguiça. *O magnânimo não vê o mal como algo feito pelos outros, e sim como um bem que ele próprio deixou de fazer.*

Devemos ser pessoas responsáveis. Ser responsável é responder, de maneira pessoal e generosa, ao «chamado da humanidade», e fazê-lo com todas as forças do nosso coração, da nossa mente e da nossa vontade.

Somos chamados a rejeitar o egoísmo e a viver em solidariedade com os outros; nisso consiste o «chamado da humanidade». Ele se dirige a todas as pessoas, em todos os lugares, mas há ainda um segundo chamado, mais específico e pessoal do que o primeiro: a vocação. A vocação é um chamado divino: é Deus que nos chama a cada um de nós, e que nos chama pelo nome.

Todos temos uma vocação, mesmo que não a conheçamos. Ela nos chama a viver, pensar e agir de determinada maneira. É o critério pelo qual medimos todas as nossas ações; é o princípio que dá unidade à nossa vida.

O «chamado da humanidade» dirige-se à consciência enquanto o chamado de Deus dirige-se ao coração. O chamado de Deus é mais íntimo do que o «chamado da humanidade»; aquele que não ouve o segundo terá dificuldade em ouvir o primeiro. Da mesma forma, aquele que ouve o «chamado da humanidade» e responde a ele de maneira generosa estará sempre preparado para ouvir o chamado de Deus.

Responder ao chamado de Deus é um ato de esperança teológica, pois acreditamos que Deus nos dará os meios de agir e de ser fiéis à nossa vocação. Em primeiro lugar, no entanto, é um ato de magnanimidade, pois acreditamos nos dons que *já recebemos* de Deus, e somos gratos por tê-los recebido.

Fico estupefato quando alguém dá as costas à própria vocação mesmo tendo crescido num lar bem estruturado, com acesso a ampla formação humana, moral e cultural; ao mesmo tempo, há aqueles que tiveram uma infância difícil, que cresceram em lares disfuncionais e tiveram pouco acesso a uma formação positiva, e que, no entanto, descobrem sua vocação e a seguem com fidelidade exemplar. O jovem rico do Novo Testamento – piedoso, proveniente de boa família (cf. Mt 19,16-30) – rejeita o chamado de Deus, ao passo que Maria Madalena – a mulher possuída por sete demônios (cf. Lc 8,2) – abraça generosamente sua vocação assim que a descobre. Tais personagens nos causam uma impressão profunda: o primeiro, pela pequenez do coração; a segunda, pela magnanimidade. Aqueles que têm o coração pequeno frequentemente subestimam o valor do que receberam; os magnânimos, por outro lado, acreditam que tudo aquilo que lhes foi dado, mesmo não sendo muito, tem valor inestimável.

Tomemos por exemplo o caso de Esa, um jornalista finlandês que eu conheci em 1990, quando ele tinha 45 anos. A vida de Esa não tinha sido fácil. Seu pai, que era alcoólatra, morrera afogado quando ele ainda era um menino. Sua mãe havia sido incapaz de criar os filhos (Esa e seu irmão) de maneira apropriada. O irmão fugiu de casa e se tornou Testemunha de Jeová. Depois de concluir os estudos no revolucionário ano de 1968, Esa se mudou para o lado soviético de Berlim, capital da Alemanha Oriental. Ali, tornou-se espião da *stasi*, a polícia secreta que operava no país germânico. Não se trata de dizer que Esa tinha perdido o rumo na vida, mas sim que nunca tinha tido rumo nenhum.

Alguns anos mais tarde, já no fim dos anos 1970, Esa reencontrou por acaso um amigo de infância durante uma breve visita a Helsinki, capital da Finlândia – e esse reencontro veio a mudar sua vida. Com seu jeito acolhedor, suas palavras cheias de força e sua preocupação genuinamente humana, aquele amigo deu início a um processo de transformação no coração de Esa. E tudo aconteceu em questão de horas.

Esa fez uma confissão pública na sala de imprensa de um hotel em pleno centro da cidade. Em seguida, entregou-se à polícia e foi condenado a seis meses de prisão, mas com a suspensão condicional da pena. Depois desse reencontro casual com um amigo de infância nas ruas de Helsinki, sua vida mudou completamente. Ele respondeu generosamente à sua vocação cristã e demonstrou gratidão pelo dom enormemente precioso que recebera: o dom da conversão.

Tenha consciência do seu talento e trabalhe para aprimorá-lo

Eric Liddell tinha consciência do seu talento: «Acredito que Deus me fez com um propósito, mas também me fez um homem rápido». Liddell tinha uma vocação missionária e estava consciente disso; foi como missionário que morreu num campo de concentração japonês na Manchúria, em 1945. Entretanto, ele também tinha consciência de que era veloz, e esse era outro talento que não queria desperdiçar. Nos Jogos Olímpicos de Paris, em 1924, recusou-se, por motivos religiosos, a participar da prova que era sua especialidade (a dos cem metros rasos), já que o evento ocorreria num domingo. Mas isso não o impediu de treinar por meses a fio para competir em outras provas, quebrar o recorde mundial dos quatrocentos metros rasos e levar a medalha de ouro para casa.

Assim como Eric Liddell, a escritora americana Flannery O'Connor tinha consciência de seu talento. Quando lhe perguntaram, diante de uma plateia numerosa, por que ela escrevia, ela respondeu sem hesitar: «Porque escrevo bem». O público demonstrou sua desaprovação (farisaica, diga-se) em relação àquilo que entendia ser orgulho, mas a única coisa que a escritora expressou em sua resposta foi sua magnanimidade, nada mais. Ao notar essa incompreensão da plateia, Flannery sorriu com simplicidade irretocável[3].

Em que exatamente eu sou bom? Qual é meu ponto forte? Nem sempre isso está claro para nós. «A maioria das pessoas», dizia Peter Drucker, «acha que conhece seus pontos fortes. Em geral, essas pessoas estão equivocadas. [...] Só há um jeito de descobrir em que somos bons: por meio da análise de *feedback*»[4]. É difícil descobrir isso antes dos 25, ou mesmo dos 30 anos de idade. Devemos trilhar diferentes caminhos e pedir que nossos amigos e colegas nos ajudem a descobrir quais são as coisas que fazemos bem de verdade.

---

(3) G.W. Shepherd, «The Example of Flannery O'Connor as a Christian Writer», *Center Journal*, edição de inverno, 1984.

(4) Peter Drucker, *Management challenges for the 21st Century*, HarperCollins Publishers, Nova York, 2001, págs. 164 e 179.

Depois de identificar nosso talento, precisamos desenvolvê-lo. Embora seja importante superar nossos pontos fracos, é muito mais importante desenvolver nossos pontos fortes.

Concentre energias na sua missão

No livro *Virtudes & Liderança*, usei as palavras «vocação» e «missão» de maneira quase intercambiável. Aqui, gostaria de estabelecer distinções entre elas. A vocação é um chamado ao *ser*, ao passo que a missão é um chamado ao *fazer*. A vocação nos chama a *ser de uma certa maneira*; a missão nos chama a *fazer alguma coisa*. A vocação é sempre um chamado divino, enquanto a missão é por vezes o resultado de reflexões humanas.

Nossa vocação é a moldura, o quadro geral no qual identificamos e realizamos nossa missão (que, por sua vez, é nossa contribuição pessoal para a humanidade). Sem uma vocação, a liderança é *desprovida de propósito*; sem uma missão, é *desprovida de substância*.

Muitas pessoas têm um senso bastante nítido da vocação, mas encontram dificuldade em identificar sua missão. Isso ocorre porque não estão suficientemente conscientes de seus talentos, ou porque não são suficientemente imaginativas. De modo inverso, muitos compreendem que possuem uma missão, mas não estão conscientes de que possuem uma vocação. Isso ocorre porque suas percepções religiosas não foram suficientemente desenvolvidas.

Uma vez que tenhamos identificado nossa missão, devemos dedicar todas as nossas energias ao seu cumprimento. Em 1963, dois padres ortodoxos – Alexander Men e Dmitri Dudko – fizeram uma visita ao escritor Alexander Soljenítsin na cidade de Riazan, onde ele morava. Soljenítsin havia acabado de escrever *Um dia na vida de Ivan Denisovich*, obra que viria a lançar sua carreira literária. Vinte anos depois, Men recordava:

> Soljenítsin era um ser humano fascinante. Captava imediatamente as ideias e as coisas mais complexas [...]. Era um interlocutor cheio de vida, mas notei que mantinha o foco exclusivamente nos temas que o interessavam. Não o critico por isso; acho até que é uma postura louvável. Ele conseguia ficar indiferente a todo tipo de coisa, mas algumas palavras lhe soavam como sinalizadores, de modo que bastava ouvi-las para que despertasse e voltasse à vida. Quando o padre Dudko mencionou que havia sido prisioneiro num campo de concentração, Soljenítsin ouviu com toda a atenção do mundo, quis saber dos detalhes e anotou-os imediatamente em seu caderno[5].

Cada pessoa tem uma missão única e pessoal. Podemos descobri-la no momento em que tomamos consciência do nosso talento. O cumprimento dessa missão mobiliza todas as nossas energias vitais.

Não tema o fracasso

O inverso da magnanimidade é a pusilanimidade – a crença equivocada de que somos incapazes de grandes coisas. A pusilanimidade tem raiz no medo do fracasso. O medo alimenta o desconsolo, que, por sua vez, paralisa a alma e destrói nossa habilidade de realizar grandes coisas.

O desconsolo é um vício. É pior do que o vício da presunção (isto é, acreditar que somos capazes de algo quando

---

(5) S.S. Bytchkov, *KGB protiv sviachtchennika Aleksandra Menia*, 2010. Disponível em: <www.portal-credo.ru>.

na verdade não somos), pois condena o homem à mediocridade e à decadência.

Foi graças ao fato de ter superado o medo de fracassar que Maria Callas pôde elevar o nível de sua carreira profissional. Em 1949, o maestro Tullio Serafin lhe pediu que substituísse a estrela Margherita Carosio (que estava doente) na ópera *I puritani*, de Vincenzo Bellini. Callas tinha seis dias para ensaiar o papel da personagem Elvira. A cantora protestou; disse que a tarefa era impossível, não só porque o papel lhe era inteiramente desconhecido, mas também porque já estava interpretando a personagem Brünnhilde em *As valquírias*, de Wagner, três vezes por semana. Callas estava convencida de que o desafio era grande demais para ela. Serafin, no entanto, assegurou-lhe do contrário: «Garanto que você vai conseguir»[6].

Num curtíssimo espaço de tempo, Callas passou a dominar um dos papéis mais difíceis do repertório, submetendo sua voz a uma enorme pressão. «O que ela fez [...] foi realmente incrível», disse Franco Zeffirelli, famoso diretor de ópera e cinema, «é preciso ter algum conhecimento de ópera para captar a dimensão exata desse feito. Foi como se, do dia para a noite, alguém pedisse a Birgit Nilsson – famosa por sua belíssima voz wagneriana – que assumisse o lugar de Beverly Sills – uma das maiores sopranos *coloratura* do mundo moderno»[7].

O retrato dramático de Elvira segundo Callas causou profundo impacto no universo musical e fez dela uma estrela reconhecida internacionalmente. Nos anos seguintes, ela continuou transformando o mundo da ópera não apenas

---

(6) Trecho extraído do áudio documentário *Callas: In Her Own Words*, narrado por John Ardoin.
(7) Citado em David A. Lowe, *Callas: As They Saw Her*, Ungar Publishing Company, Nova York, 1986.

como cantora, mas também como atriz. Graças ao seu talento para as artes dramáticas, Callas pôde verdadeiramente encarnar os personagens que interpretava. Nas palavras de Montserrat Caballé:

> Ela abriu uma nova porta para nós, para todas as cantoras do mundo, uma porta que até então permanecera fechada. Atrás dessa porta jazia dormente não apenas a grande música, mas também a interpretação de alto nível. Ela nos deu a chance de fazer coisas que antes eram praticamente impossíveis[8].

Ao superar o medo do fracasso, Maria Callas elevou o nível de sua carreira e deu uma contribuição de vulto à arte operística.

Liberte sua imaginação

Alimentadas talvez por seus sonhos de ódio e destruição, personalidades demoníacas às vezes possuem uma imaginação poderosa. Em agosto de 1914, ao ver os corpos ensanguentados, feridos e mutilados dos soldados que passavam pela estação de trem de Cracóvia, Vladimir Lênin compreendeu imediatamente o que era necessário para impulsionar o comunismo rumo ao poder: a Primeira Guerra Mundial devia se arrastar tanto quanto possível, testando todos os limites do sofrimento humano, até que finalmente se transformaria numa guerra civil generalizada, capaz de derrubar os governos de vários países europeus.

Mas essa imaginação poderosa não é exclusividade das almas demoníacas: os santos também a possuem. Em setem-

---

(8) John Ardoin e Gerald Fitzgerald, *Callas: The Art and the Life*, Holt, Rinehart and Winston, Nova York, 1974.

bro de 1946, num trem que ia em direção a Darjeeling, Madre Teresa de Calcutá recebeu aquela que viria a ser a grande inspiração de sua vida. Ela contemplava a enorme pobreza dos lugares por onde passava quando sentiu que devia se tornar mãe dos mais pobres, compartilhar sua desolação interior, demonstrar ao mundo o infinito amor que Deus tem por todas as pessoas.

A imaginação de Lênin era fruto do ódio, exacerbado pela intervenção satânica; a de Madre Teresa era fruto do amor, transfigurado pela graça divina. O amor deve ser a força motriz da imaginação. Amor por gente de carne e osso, mas também pelo mundo material criado por Deus. Devemos amar profundamente tudo aquilo que é bom e nobre. Marius Mignol, o inventor do pneu radial, amava profundamente a engenharia pneumática. «Quem não é apaixonado por pneus», disse ele certa vez a um jovem colega, François Michelin, «não deve trabalhar na Michelin»[9].

François Michelin – que em quarenta anos levou sua empresa da décima à primeira posição no ranking mundial – aprendeu rapidamente a lição: passou a amar o universo dos pneus e tornou-se também um grande inventor. Sobre ele, René Zingraff, ex-executivo sênior da Michelin, disse o seguinte:

> François Michelin destacou-se graças à sua imaginação. Era um homem enormemente imaginativo. Dava gosto ouvi-lo falar com os pesquisadores da empresa, incentivá-los a ver mais longe... Ele desbravou novos horizontes[10].

---

(9) Entrevista concedida por François Michelin ao autor em 20.01.2010.
(10) Cf. *Michelin – Son histoire, ses champions, les héros du quotidien*, La Montagne, Clermont-Ferrand, 2007.

A força motriz da imaginação deve ser o amor. Para que a imaginação seja fértil, no entanto, é preciso dedicar-se a ela. É preciso saber «perder tempo» com a nossa imaginação – saber nutri-la, saber ampliar sua liberdade de ação e levá-la ao limite.

Rejeite o hedonismo

A pusilanimidade é a força triunfante do mundo moderno. Isso é consequência direta da cultura hedonista, que reina nos dias de hoje e causa profundos malefícios psíquicos aos adolescentes, privando-os de todo e qualquer senso de grandeza moral na vida.

A psiquiatria descreve a juventude como uma fase «romântica» da vida; para muitos jovens, no entanto, ela é tudo menos isso. No ocidente, o culto do prazer e a sexualização exacerbada impedem que o jovem tenha uma experiência pessoal do romance, do idealismo e da nobreza inerente à vida humana. Muitos não têm qualquer orientação sobre as coisas que vêm de cima e tendem a sonhar cada vez menos com feitos grandiosos e nobres, tornando-se, ao contrário, calculistas, fugidios e manipuladores.

Em *O retrato de Dorian Gray*, Oscar Wilde descreve com profundo realismo o encolhimento – ou melhor, a desintegração – do coração de um jovem entregue ao hedonismo. A luxúria destrói todo o senso de grandeza que existe no homem.

Conforme dissemos acima, a magnanimidade é mais acessível aos jovens do que aos mais velhos. No mundo moderno, entretanto, o passar do tempo não é a única forma de envelhecer. O homem que se torna prisioneiro do culto ao sexo envelhece precocemente, pois sua alma vai sendo anestesiada. Há muitos idosos andando por aí que ainda não passaram dos vinte anos.

Rejeite todas as formas de igualitarismo

O triunfo da pusilanimidade é também fruto de uma mentalidade igualitária que abomina qualquer traço de aristocracia e superioridade.

O célebre discurso de Cálicles no diálogo *Górgias*, de Platão, descreve algumas situações importantes, a saber: a massa rejeita a superioridade chamando-a de «má e injusta», insistindo que «a injustiça consiste essencialmente na vontade de erguer-se acima dos demais», e o faz com o intuito de «assustar os mais poderosos, aqueles que são capazes de verdadeiramente superá-la, de modo a evitar que esses homens triunfem». É a partir desse ponto de vista que «educamos os melhores e os mais fortes dentre nós, tomando-os quando ainda são jovens, como se fossem filhotes de leão, para escravizá-los por meio de truques infantis, dizendo-lhes que ninguém deveria ter mais do que ninguém, e que nisso consiste a justiça e a beleza»[11].

Querer fazer parte da elite intelectual, comercial, artística ou esportiva de um país ou do mundo é algo muito positivo. Querer fazer parte da elite *para servir aos outros da melhor maneira possível* – eis aí um ato de magnanimidade.

Em sua dignidade, os homens são radicalmente iguais; em seus talentos, por outro lado, são radicalmente diferentes. Há algo de demoníaco na busca por igualdade a qualquer custo. Por meio da fala de um dos «possuídos» no romance *Demônios*, Dostoiévski demonstra ter compreendido isso muito bem:

> Todos pertencem a todos, tudo pertence a todos. Todos são escravos, iguais em sua escravidão [...]. Para

---

(11) Platão, *Górgias*, 483a.

começar, o nível de educação, ciência e talento será rebaixado. Um alto nível educacional e científico só é possível aos grandes intelectos – e não desejamos mais que eles existam [...]. Serão exilados ou mortos. Cícero terá a língua cortada, Copérnico terá os olhos arrancados, Shakespeare será apedrejado até a morte [...]. Escravos serão forçados a ser iguais[12].

Na mesma chave de Dostoiévski, Antoine de Saint-Exupéry criticou violentamente essa tentação igualitária que «assassina Mozart», transformando pessoas e nações inteiras em algo pouco superior a animais numa fazenda de engorda. O igualitarismo, assim como a luxúria, destrói o senso de grandeza do homem.

Procure a grandeza na vida cotidiana

Nada é maior do que Deus, e Ele se esconde nas situações mais triviais. Nas palavras do filósofo e poeta Vladimir Soloviev:

> Sem crer neste mundo ilusório,
> De pura aparência e matéria,
> Toquei o púrpura perpétuo
> E reconheci o esplendor da divindade[13].

Eis o que nos diz São Josemaria Escrivá, experiente pastor de almas:

> Deus espera-nos cada dia: no laboratório, na sala de operações de um hospital, no quartel, na cátedra universitária, na fábrica, na oficina, no campo, no seio do

---

(12) Fiódor Dostoiévski, *Demônios*, vol. 2, capítulo 8.
(13) Vladimir Soloviev, *Três encontros*.

lar e em todo o imenso panorama do trabalho. Não esqueçam nunca: há algo de santo, de divino, escondido nas situações mais comuns, algo que a cada um de nós compete descobrir[14].

Por muitas vezes buscamos a grandeza em feitos extraordinários e sonhos impossíveis. Esperamos encontrar grandeza em algum momento futuro, num lugar diferente daquele onde nos encontramos. Somos incapazes de compreender que a grandeza deve ser alcançada aqui e agora, na realidade imediata, tangível e material que nos cerca.

É na vida comum que habita o Autor de toda a criação, o Ser magnânimo por excelência, Aquele que *pode fazer infinitamente mais do que tudo quanto pedimos ou entendemos* (Ef 3,20). Abandonar o comum em favor do extraordinário é buscar a si próprio em vez de buscar a Deus. É buscar a glória e o deslumbramento em vez da virtude. Isso pode causar uma parada brusca no nosso processo de desenvolvimento pessoal.

O Patriarca Nikon foi um importante personagem da história russa no século XVII. Responsável por realizar um conjunto de reformas imprudentes que levaram a um cisma dramático e duradouro na Igreja Ortodoxa Russa, Nikon foi descrito da seguinte maneira pelo historiador Vassíli Kliutchévski:

> Na vida cotidiana, era um homem difícil, volúvel, irascível, ambicioso e, acima de tudo, vaidoso [...]. Era capaz de suportar tranquilamente os sofrimentos mais indizíveis, mas caía em desolação diante de uma picada de agulha. [...] A calma o deixava entediado; esperar com

---

(14) Josemaria Escrivá, *Entrevistas com Mons. Josemaria Escrivá*, 4ª ed., Quadrante, São Paulo, 2016, n. 114.

paciência era para ele uma tarefa impossível. Sentia necessidade de estar sempre sob tensão, de ter contato com ideias ousadas e grandes feitos [...]. Nikon era como uma vela de navio que só funcionava durante as tempestades; nos períodos de calmaria, não passava de um trapo velho pendendo inutilmente do mastro[15].

Um trapo velho pendendo inutilmente do mastro: bem diferente da imagem de um líder autêntico. A liderança autêntica está baseada não nos sentimentos e estímulos externos, mas sim nas virtudes que são hábitos estáveis da personalidade. Quem não é líder o tempo todo não é líder em hipótese nenhuma.

Abraham Lincoln é um clássico exemplo de homem que liderava o tempo todo. Lincoln nunca fez qualquer distinção entre aquilo que era comum e o que era extraordinário:

> Ele tratava todas as questões (mesmo as mais elevadas e decisivas) com o mesmo detalhamento paciente, a mesma vontade de saber qual era a coisa certa a fazer, a mesma devoção cotidiana, lenta e laboriosa que caracterizavam sua atuação nos casos que atendia como advogado em Springfield. Lincoln tinha obrigações a cumprir em ambos os postos: de um lado, em relação a seu país; de outro, em relação a seus clientes. Todas as obrigações, no entanto, tinham para ele o mesmo valor. Todas o chamavam a mobilizar sua mente e seu coração da melhor maneira possível, e todas eram executadas com uma devoção conscienciosa e fiel que não conhecia distinção, mas que era sempre absoluta e perfeita[16].

---

(15) Vassíli Kliutchévski, *Istoria Rossii*, capítulo 54.
(16) Henry Raymond, *The Life, Public Services, and State Papers of Abraham Lincoln*, vol. 2, págs. 723-724.

Lincoln era a tal ponto o homem da vida comum que seu amigo Joseph Gillespie chegou a escrever:

> Lincoln foi um grande homem comum. Foi gigante, mas sua formação foi a mesma dos outros homens. A única diferença entre ele e a maioria dos homens modernos era de grau: Lincoln possuía as mesmas qualidades que eles, mas as possuía num grau muito mais elevado[17].

Buscar a grandeza por meio do cumprimento de responsabilidades cotidianas é uma coisa; deixar passar uma oportunidade de contribuir para o bem da humanidade é outra. Muitas pessoas se veem tão absorvidas nos assuntos cotidianos que acabam perdendo a consciência dos talentos extraordinários que possuem – e da responsabilidade extraordinária que os acompanha.

---

(17) Howard K. Beale (org.), *The Diary of Edward Bates, 1859-1866*, pág. 281.

Capítulo 5
Crescer em humildade

Passemos agora a refletir sobre como crescer em humildade. Para crescer em humildade, temos primeiro que compreender a amplidão dessa virtude.

Em essência, a humildade é o *hábito de viver na verdade*. Viver na verdade é reconhecer nosso status de criatura (humildade metafísica), bem como nossas fraquezas naturais e limitações pessoais (humildade espiritual). É também reconhecer nossa dignidade e grandeza (humildade ontológica), bem como nossos talentos e virtudes (humildade psicológica). Por fim, é reconhecer a dignidade e a grandeza dos demais (humildade fraterna).

A humildade é fruto do conhecimento de Deus, do conhecimento de si e do conhecimento dos demais.

Reconheça sua insignificância (humildade metafísica)

Praticar a humildade é, acima de tudo, reconhecer que somos criaturas; sem Deus, não somos nada nem sequer existimos. Ele nos criou do nada e nos sustenta no ser. Se Ele parasse de pensar em nós, mesmo que por apenas um segundo, imediatamente entraríamos no «não ser». O homem autônomo – isto é, independente de Deus – é puro nada.

A humildade é uma virtude religiosa; é a atitude natural da criatura perante o Criador. Os filósofos gregos não tinham um conceito preciso de humildade, e se é verdade que falharam em captar o conceito em sua plenitude, foi porque não tinham uma ideia verdadeira de Deus, da transcendência e do poder criativo de um Deus que dá a vida e a sustenta a cada instante, justificando, assim, as humildes orações de sua criatura – o homem.

Ao reconhecer nossa insignificância, reconhecemos a grandeza de Deus, que nos concede o ser. Com isso, alcançamos a paz interior e a confiança para agir, pois sabemos que esse Deus não é apenas o Criador, mas também *Pai das misericórdias, Deus de toda a consolação* (2Cor 1,3) e Todo-Poderoso.

Aqueles que se orgulham de sua independência e autonomia – que se orgulham, com efeito, de serem deuses – não podem alcançar a paz, pois a cada dia e a cada momento se veem diante de seus defeitos e de suas limitações. A felicidade sem Deus é uma contradição em termos.

Reconheça sua fraqueza (humildade espiritual)

Praticar a humildade é reconhecer a existência «desse algo que luta contra a razão e a ela resiste»[1], e que os cristãos chamam de concupiscência: a tripla tendência ao prazer, à riqueza e ao poder, resultado da desordem introduzida no seio da natureza humana pelo pecado original.

---

(1) Aristóteles, *Ética a Nicômaco*, 1102b.

Deixar de reconhecer essa desordem pode ser um erro grave, pois aquele que desconhece a causa do mal jamais saberá como remediá-lo. Isso, por sua vez, é algo trágico, pois há um remédio ao qual temos acesso – nomeadamente, a prática assídua das virtudes naturais, juntamente com as sobrenaturais, que vêm a nós por meio da oração e dos sacramentos instituídos por Cristo.

Certa vez, entreguei a François Michelin uma cópia da edição francesa de *Virtudes & Liderança*. Ele olhou para a capa, abriu um sorriso e disse: «Parece muito bom, mas saiba que você não vai chegar muito longe se não falar do pecado original neste livro. Seria como vender um produto sem o manual de instruções». Minha resposta o deixou feliz e surpreso: «Mas eu falo do pecado original no livro. E falo bastante».

Por meio da humildade espiritual, também podemos reconhecer faltas pessoais contra a virtude e contra a lei moral natural. Na tradição judaico-cristã, essas faltas recebem o nome de pecados, pois são ofensas contra Deus, Criador do homem e Autor da lei natural.

A perda do senso de pecado no mundo moderno advém da perda do senso de Deus; afinal, se Deus não existe, é impossível ofendê-lO. Nesse cenário, os únicos crimes que existem são os «crimes contra a humanidade», os crimes contra o homem. Evidentemente, o pecado é uma ofensa contra a humanidade, posto que causa dano tanto ao pecador (que é feito à imagem e semelhança de Deus) quanto àquele contra o qual o pecado foi cometido. Mas o pecado é, acima de tudo, uma ofensa contra Deus.

Finalmente, praticar a humildade é reconhecer os erros que cometemos. Não devemos ter medo dos nossos erros, pois eles não são ofensas contra Deus; devemos, no entanto, aprender com eles. «Não foram poucos os erros que cometi e que essa empresa generosamente me ajudou a identificar», dizia François Michelin. «Sem isso, no entanto, eu jamais teria crescido»[2].

Reconheça sua dignidade e grandeza (humildade ontológica)

Reconhecer nossa dignidade e grandeza pessoais não é apenas um ato de magnanimidade; é também um ato de humildade, posto que nos aproxima da verdade sobre nós mesmos.

O homem por si mesmo é puro nada; já o homem criado à imagem e semelhança de Deus, redimido pelo Filho e divinizado pelo Espírito Santo, é um verdadeiro milagre. Todos os seres humanos são descendentes de Deus, seus filhos e filhas. Quem não tem consciência dessa filiação divina ignora completamente sua verdade mais íntima[3].

Por meio da razão, o homem compreende que não é apenas um ser material, mas também um ser espiritual, pois possui uma inteligência racional e livre-arbítrio. Ele está consciente da força de seu espírito e de seu coração.

O homem, no entanto, é incapaz de compreender a si mesmo unicamente por meio da razão. Ele não sabe exatamente quem é. Só Deus possibilita que ele conheça a si mesmo: *Sois filhos* (Gl 4,6); *O sangue de Jesus Cristo, seu Filho, nos purifica de todo pecado* (1Jo 1,7); *Coisas que os olhos não viram, nem os ouvidos ouviram, nem o coração humano imaginou, tais são os bens que Deus tem preparado para aqueles que o amam* (1Cor 2,9).

---

(2) *Michelin – Son histoire, ses champions, les héros du quotidien*, La Montagne, Clermont-Ferrand, 2007.
(3) Cf. Josemaria Escrivá, *Amigos de Deus*, 4ª ed., Quadrante, São Paulo, 2018, n. 26.

Deus revela ao homem a dignidade e o destino eterno do próprio homem.

É por meio da fé que o homem descobre quem ele é e qual é, em última instância, o sentido da vida. A fé é essencial à prática da humildade – compreendida, conforme dissemos acima, como o hábito de viver na verdade.

Reconheça seus talentos e ponha-os em prática (humildade psicológica)

Reconhecer nossos talentos é um ato de magnanimidade, mas é também um ato de humildade, posto que nos aproxima da verdade sobre nós mesmos. *É necessário que tenhamos a humildade de reconhecer nossos talentos.*

Quando reconhecemos nossos talentos, estamos dando graças a Deus, que foi quem nos criou; não os reconhecer não é humildade, é ingratidão.

Devemos reconhecer nossos talentos antes de pô-los em prática. Deus impõe punição àqueles que, em nome de uma *falsa humildade*, recusam-se a pôr seus talentos em prática. Como diz Nosso Senhor:

> *Um homem, tendo de viajar, reuniu seus servos e lhes confiou seus bens. A um deu cinco talentos; a outro, dois; e a outro, um, segundo a capacidade de cada um. Depois partiu. Logo em seguida, o que recebeu cinco talentos negociou com eles; fê-los produzir, e ganhou outros cinco. Do mesmo modo, o que recebeu dois ganhou outros dois. Mas o que recebeu apenas um foi cavar a terra e escondeu o dinheiro de seu senhor* (Mt 25,14-18).

Quando o homem voltou, quis saber o que os servos tinham feito com o dinheiro. O que havia recebido cinco talentos deu um passo à frente e disse:

«*Senhor, confiaste-me cinco talentos; eis aqui outros cinco que ganhei*». *Disse-lhe seu senhor:* «*Muito bem, servo bom e fiel; já que foste fiel no pouco, eu te confiarei muito. Vem regozijar-te com teu senhor*». *O que recebeu dois talentos, adiantou-se também e disse:* «*Senhor, confiaste-me dois talentos; eis aqui os dois outros que lucrei*». *Disse-lhe seu senhor:* «*Muito bem, servo bom e fiel; já que foste fiel no pouco, eu te confiarei muito. Vem regozijar-te com teu senhor*». *Veio, por fim, o que recebeu só um talento:* «*Senhor*», *disse-lhe,* «*sabia que és um homem duro, que colhes onde não semeaste e recolhes onde não espalhaste. Por isso, tive medo e fui esconder teu talento na terra. Eis aqui, toma o que te pertence*». *Respondeu-lhe seu senhor:* «*Servo mau e preguiçoso! Sabias que colho onde não semeei e que recolho onde não espalhei. Devias, pois, levar meu dinheiro ao banco e, à minha volta, eu receberia com os juros o que é meu. Tirai-lhe este talento e dai-o ao que tem dez. Dar-se-á ao que tem e terá em abundância. Mas ao que não tem, tirar-se-á mesmo aquilo que julga ter. E a esse servo inútil, jogai-o nas trevas exteriores; ali haverá choro e ranger de dentes*» (Mt 25,19-30).

Essa parábola, conhecida como «parábola dos talentos», estabelece com perfeita clareza a diferença entre a humildade e a pusilanimidade. O homem humilde não tem medo de seus talentos; só tem medo de não fazer bom uso deles. O homem pusilânime, por contraste, tem medo de usar seus talentos; cava um buraco e os esconde ali dentro, juntamente consigo mesmo.

Ao reconhecer nossos talentos, devemos evitar nos comparar com outras pessoas, pois não somos todos igualmente talentosos, e os talentos específicos que nos foram dados são diferentes.

Reconheça a dignidade e a grandeza dos outros (humildade fraterna)

A dimensão fraterna da humildade é a que se refere mais diretamente à liderança.

Se a dimensão metafísica é a *base* da humildade, a dimensão fraterna constitui o seu *topo*. A humildade fraterna pressupõe a humildade metafísica (que nos permite ver a *presença* de Deus nos outros) e a humildade ontológica (que nos permite ver o *rosto* de Deus nos outros). *Não se pode servir ao homem sem antes saber quem é o homem. Só é possível servir ao homem à luz da verdade sobre ele.*

Se é fato que muitas atrocidades foram cometidas em nome de Deus, também é fato que outras ainda maiores foram cometidas em nome do homem. Por exemplo, o comunismo, com sua ditadura do proletariado e seu projeto totalitário de abolição da família, da religião e da propriedade privada: não é verdade que ele foi celebrado como um grande experimento humanista e como desfecho da própria história? Não é verdade que a sangrenta Revolução Francesa vem sendo enaltecida como manifestação positiva do humanismo? É significativo que apenas quatro anos tenham transcorrido da Declaração dos Direitos do Homem e do Cidadão (1789) ao Período do Terror (1793). Se não sabemos quem é o homem, é fácil fazer com que os «direitos do homem» se voltem contra ele mesmo. Hoje em dia, podemos constatar que pouca coisa mudou: basta observar as políticas públicas de vários governos com relação à vida humana (aborto, eutanásia, clonagem de embriões humanos, adoção de crianças por casais homossexuais). A palavra «homem» continua a ser uma abstração, e a grande vítima do homem abstraído é o homem tal como ele de fato é – o homem real –, feito à imagem e semelhança de Deus. Vale repetir: não se pode servir ao homem sem antes saber quem ele é, e só se pode saber quem ele é à luz da verdade divina sobre ele.

Se a humildade fraterna pressupõe tanto a humildade metafísica quanto a humildade ontológica, ela também deve pressupor a humildade espiritual (que nos faz conscientes da necessidade de buscar a perfeição e aprimorar a maneira como servimos aos outros) e a humildade psicológica (que nos permite apreciar os pontos fortes e os talentos que devemos colocar a serviço do próximo).

Praticar a humildade é viver para os outros, mas também é viver a alegria de saber que os outros existem para nos servir; também é aceitar que os outros têm algo íntimo e pessoal a nos oferecer.

Certa vez, a poetisa russa Olga Sedakova fez a seguinte observação a respeito do Papa João Paulo II (que ela conhecia bem):

> Ele sentia necessidade de receber algo íntimo e pessoal de todo mundo que conhecia [...]. Ele olhava para as pessoas com enorme interesse e esperança, como se dissesse: «Quais maravilhas você vai me ajudar a descobrir hoje? Quais dádivas vou receber de você?»[4].

Quando um líder pratica a humildade, ele ensina e inspira as pessoas que estão sob sua liderança, ao mesmo tempo em que aprende com elas e passa a ser capaz de vê-las como dádivas. É por meio dessas pessoas que o líder cresce e se aperfeiçoa como ser humano.

Praticar a humildade, portanto, é servir aos outros e permitir que eles nos sirvam. Ser humilde é servir à família e aos amigos, aos colegas e aos clientes, e deixar-se servir

---

(4) Olga Sedakova, *Dni Ioanna Pavla II*, Obshestvo Ioanna Pavla II, Moscou, 2008, pág. 28.

por eles. Muitos são aqueles que, por não terem humildade suficiente, não querem (ou não sabem como) ser servidos. Como resultado, acabam impedindo os demais de desenvolver todo o seu potencial individual.

Conclusão

No livro *Virtudes & Liderança*, expliquei que a liderança não é uma questão de técnica, mas sim de caráter, de virtude. Em *Criados para a grandeza*, desejei ir mais longe: procurei demonstrar que a liderança é *um ideal de vida*, pois as virtudes específicas que ela mobiliza – magnanimidade e humildade – são, em si mesmas, ideais de vida. A magnanimidade e a humildade exaltam a verdade sobre o homem; são virtudes que abarcam a totalidade da existência e promovem o florescimento da personalidade.

Ninguém nasce magnânimo e humilde. Ninguém nasce líder. A liderança é resultado de uma escolha livre e de um esforço diligente. «O mundo está cheio de homens cuja promessa juvenil de excelência desaguou numa existência medíocre na meia-idade», diz Peter Drucker. Da mesma forma, prossegue o autor:

> O mundo está cheio de homens que saem da insignificância para atingir o auge de sua performance aos quarenta anos. Tentar avaliar o potencial de longo prazo de um homem é uma aposta altamente arriscada – mais arriscada do que apostar tudo no Cassino de Monte

Carlo. Quanto mais científico é o método de avaliação, maior é a aposta[1].

Não dá para saber como vai se desenvolver a vida espiritual daqueles que amamos, pelo simples motivo de as pessoas serem livres. Se não podemos sequer prever o curso do nosso próprio desenvolvimento espiritual, quanto mais o do desenvolvimento espiritual alheio. Só podemos nos esforçar para fazer boas escolhas – escolhas magnânimas e humildes –, e sustentá-las com coragem.

---

(1) Peter Drucker, *The Practice of Management*, Elsevier, Oxford, 2005, pág. 150.

Apêndice 1
Método prático

Até aqui, dei alguns *parâmetros essenciais* sobre como alcançar a grandeza. Gostaria agora de estabelecer os passos de um *método prático* que possa ser seguido pelo leitor, composto de: (1) direção espiritual; (2) vivência de um «plano de vida»; e (3) exame de consciência.

Esses três elementos podem ser assim definidos:

1. *Direção espiritual.* Devemos buscar dentre nossos amigos mais próximos um conselheiro de sabedoria e piedade que possa nos ajudar a definir metas de curto e longo prazo. É evidente que a própria aceitação dessa ideia exige humildade; sem a direção espiritual, no entanto, não se pode seguir adiante. A excelência não pode ser produzida de modo automatizado, da mesma forma que os indivíduos não podem ser formados em escala industrial. Um livro pode oferecer orientação e despertar o interesse pela reflexão, mas não pode produzir os efeitos da direção espiritual. Cada ser humano precisa receber conselhos adaptados às especificidades da sua alma e do seu contexto pessoal. É isso que faz o diretor espi-

ritual. Um bom diretor deve praticar a virtude da prudência à medida que vai conhecendo mais profundamente a vida espiritual da pessoa que está aconselhando, de modo a elaborar um plano de ação realista e de alto nível.

2. *Plano de vida*. Este item compreende a prática de exercícios espirituais. Alguns deles são diários; outros, semanais; todos, no entanto, devem receber prioridade na vida cotidiana. É preciso muita disciplina para seguir um plano como esse. Nem sempre é fácil, mas ninguém chega a ser líder sem ser capaz de seguir uma programação predefinida.

3. *Exame de consciência*. É impossível alcançar excelência pessoal sem recorrer com frequência (diariamente, de preferência) ao exame de consciência. Devemos separar três minutos perto do fim do dia para refletir sobre o nosso comportamento ao longo das 24 horas que se passaram. Devemos refletir sobre nossos fracassos e definir objetivos concretos para o dia seguinte. Além desse exame diário, convém fazer reflexões mais profundas algumas vezes ao ano, para que possamos pensar sobre como temos vivido as virtudes da liderança.

E para quem quer mergulhar mais fundo nos detalhes (ambição louvável!), relaciono a seguir alguns pontos de reflexão sobre as duas virtudes características da liderança – a magnanimidade e a humildade –, bem como sobre as quatro virtudes básicas – prudência, fortaleza, autodomínio e justiça.

Peço a você que faça uso desses pontos em seus próximos exames de consciência (e nas suas próximas orações), pois eles indicam exatamente como você deve se portar para ser um líder. Você verá com clareza os pontos em que está acertando, bem como aqueles que precisam de mais atenção.

Se você retornar a eles com frequência, ganhará cada vez

mais consciência de que a excelência profissional, longe de ser algo de que devemos nos vangloriar, está ligada à vontade de Deus. Se você for guardar consigo apenas uma coisa deste livro, que seja a reflexão frequente e o retorno constante aos pontos a seguir, que deverão ajudar você a alcançar excelência e eficácia pessoal.

Magnanimidade

• Tenho consciência da minha dignidade como ser humano, bem como do poder da minha mente, do meu coração e da minha vontade? Tenho consciência da minha liberdade pessoal?

• Fui chamado a fazer coisas grandes – sobretudo, a desenvolver minha personalidade e a personalidade dos que estão ao meu redor. Tenho consciência desse fato?

• Busco a companhia de pessoas magnânimas que me ajudam a ser como elas por meio de seus conselhos e de seu exemplo pessoal?

• Estabeleço metas ambiciosas para mim e para os outros? Esforço-me diariamente para aprimorar meu caráter e meu comportamento?

• Sei reconhecer as coisas que faço bem? Já pedi ajuda a meus amigos para descobrir que coisas são essas e para melhorar ainda mais?

• Por mais importante que seja lutar contra os meus defeitos, devo me concentrar em desenvolver e ampliar minhas qualidades. Tenho feito isso?

• Tenho confiança em mim mesmo, em meus talentos e habilidades?

• Fui capaz de identificar uma missão na vida?

• Meu foco está sempre na missão que devo cumprir? Deixo-me distrair por assuntos periféricos?

- Tento inspirar um senso de missão em meus amigos e colegas?
- Deixo que minha imaginação reine livremente? Encontro maneiras de alimentá-la para que ela dê ainda mais frutos?
- Sou capaz de tomar decisões ousadas, ou sou avesso ao risco? Meu medo de errar faz de mim uma pessoa indecisa?
- A única coisa que eu devo temer não é o mal que os outros fazem, e sim o bem que eu deixo de fazer. Estou consciente disso?
- Vejo cada obstáculo como um desafio a ser superado, ou me rendo ao pessimismo?
- Procuro ajudar a equacionar os problemas da humanidade? Vejo-os como oportunidades para crescer em magnanimidade?

Humildade

- Respeito a dignidade dos demais, especialmente daqueles que estão sob minha liderança? Lidero pelo exemplo mais do que pela compulsão? Ensino mais do que ordeno? Inspiro mais do que intimido? A liderança tem menos a ver com demonstrações de poder do que com o ato de dar poder aos outros. Tenho consciência disso e ajo de acordo com essa consciência?
- Ouço a opinião de outras pessoas no processo de resolução de problemas? Faço uso das contribuições que elas me oferecem?
- Evito interferir no trabalho dos meus subordinados, a menos que haja uma boa razão para fazê-lo? Procuro não os tratar como crianças?
- Evito cair na tentação de fazer o trabalho que caberia aos meus subordinados?

- Compartilho e delego poder aos meus subordinados – isto é, permito que eles tenham poder de decisão?
- Promovo entre os membros da minha equipe uma cultura de liberdade e responsabilidade pessoal, de maneira que todos participem de verdade do processo decisório e sintam que são responsáveis pelo papel que desempenham?
- Faço todo o possível para reforçar o comprometimento dos membros da minha equipe em relação à missão que compartilhamos?
- Dou meu incentivo àqueles que são reticentes, estimulo os mais autoritários a ceder e ajudo os pessimistas a ver o lado positivo de cada coisa? Peço a eles que questionem o senso comum?
- Renuncio aos meus julgamentos (a menos que haja princípios em jogo) quando o grupo toma uma decisão que vai contra a minha posição? Se uma decisão desse tipo acaba se mostrando equivocada algum tempo depois, evito dizer que eu estava certo, que eu sabia que ia dar errado? Participo com entusiasmo na implementação de todas as decisões, mesmo daquelas às quais eu inicialmente me opunha?
- Promovo minha empresa em vez de promover a mim mesmo? Procuro não me tornar indispensável? Compartilho informações? Crio condições para que outras pessoas possam concluir uma tarefa que eu iniciei?
- Escolho meus colaboradores com cuidado e deixo o caminho preparado para os meus sucessores? Encontro, desenvolvo e incentivo novos líderes?
- Tenho prazer em servir? Cultivo uma predisposição ao altruísmo?
- O funcionário que é movido por um desejo de servir é mais compatível com posições de liderança do que aquele cujas preocupações se voltam para as recompensas materiais (ainda que ambos possam ter um histórico profissional idêntico e impecável). Tenho consciência disso?

• Preocupo-me em saber se aqueles que trabalham comigo e para mim são felizes? Procuro me interessar adequadamente por seu sucesso profissional e por sua segurança financeira? Estou preparado para fazer o possível para ajudá-los a alcançar a felicidade na vida profissional e na espiritual? Sou leal a eles?
• Aprendo com aqueles que lidero?

Prudência

• Antes de tomar uma decisão, analiso criticamente as informações disponíveis? Procuro avaliar quão confiáveis são as fontes? Faço a distinção entre fatos e opiniões, verdades e meias verdades?
• Tomo decisões que correspondem aos fatos, ou prefiro torcer os fatos para que sirvam aos meus interesses? Rejeito as verdades difíceis de aceitar? Essa recusa em confrontar a realidade reflete uma falta de fortaleza da minha parte e torna impossível o exercício da prudência. Estou consciente disso?
• Sou humilde o bastante para reconhecer meus preconceitos e deixá-los de lado?
• Tendo a aceitar como verdade tudo aquilo que infla meu ego, ou que satisfaz meu desejo por dinheiro, fama e prazer? As virtudes me tornam capaz de ser objetivo, de perceber o mundo, as relações humanas e as pessoas tal como são, e não como eu gostaria que fossem. Tenho consciência disso e procuro cultivar as virtudes?
• Sou humilde o suficiente para aprender a partir da experiência dos demais?
• Estou convencido de que a prioridade número um da gerência deve ser o cumprimento da missão de uma empresa? Essa missão dá significado aos objetivos, ou são os objetivos que dão significado à missão?

- Aplico meus princípios morais à conquista de resultados justos?
- Percebo que existem grandes desafios morais e éticos cujas soluções raramente se encontram em livros didáticos?
- Busco conselhos? Escolho colaboradores que possam me desafiar?
- Assumo responsabilidade pessoal por minhas decisões? Se as coisas dão errado, evito culpar os demais?
- Tenho medo de errar? Esforço-me para superar meus medos? Estou consciente de que não há processo decisório que obedeça a uma lógica puramente científica? O desejo de obter certeza absoluta é imprudente, pois tende a paralisar as capacidades de decisão e ação do homem. Tenho consciência disso?
- Coordeno o processo decisório com celeridade e autoridade? Sustento minhas decisões mesmo quando isso vai ficando mais e mais difícil?

Fortaleza

- A fortaleza começa quando eu permito que minha consciência se forme a partir de uma busca sincera e sistemática pela verdade. Tenho consciência disso?
- Os ideais que defendo estão claros? Meu comportamento é compatível com esses ideais? Preocupo-me sobre o que os outros podem falar ou pensar de mim?
- Preservo a integridade da minha consciência mesmo que esse ato tenha seu preço? Sacrifico meus princípios e me justifico apontando para a amoralidade dos outros?
- Sustento meu curso e mantenho meu foco? Persisto mesmo diante de obstáculos? Concluo meu trabalho de maneira adequada, esforçando-me por acertar nos detalhes?
- Quando insisto em defender minha visão das coisas, faço-o por inteligência e por princípio, ou por pura teimosia?

- Ajo com ousadia? Assumo riscos de maneira prudente? Incentivo os outros a assumirem riscos também?
- Esforço-me para superar meu medo do confronto? Busco ter fortaleza para lidar diretamente com questões difíceis, sem rodeios? Tenho conversas francas com colegas sempre que necessário, ou desvio de todas elas?
- Defendo a reputação daqueles que são vítimas de fofocas maldosas ou de críticas injustas?

Autodomínio

- O autodomínio abre espaço no coração para outras pessoas e para o ideal de servi-las. Tenho consciência disso?
- Faço o que *gosto* de fazer ou o que *devo* fazer?
- Deixo-me levar pelos afazeres que parecem «urgentes» em vez de me concentrar nos que realmente importam? Dedico tempo suficiente àquilo que é mais importante: meu desenvolvimento pessoal, o desenvolvimento dos que estão ao meu redor, a educação moral e profissional da minha equipe e o planejamento de longo prazo?
- Permaneço em paz mesmo em circunstâncias difíceis? Respondo com calma e cortesia às críticas e oposições, sem jamais subir meu tom de voz ou usar palavras de baixo calão?
- Tornei-me um escravo do dinheiro, do poder, da fama e/ou do prazer?
- O desprendimento das coisas terrenas e a pureza de coração, mente e corpo são as asas que nos alçam a novas alturas. Tenho consciência disso? Cultivo o desprendimento?

Justiça

- O cumprimento diligente das minhas responsabilidades profissionais, familiares e sociais é um ato de justiça. Te-

nho consciência disso? Ajo de acordo com essa consciência? Esforço-me por alcançar a excelência no trabalho? Concebo o trabalho como um serviço que presto a todos?
• Dedico-me à vida em família? Estou consciente da diferença entre o amor e o vício pelo trabalho? Vejo a vida em família como uma fonte de energia? Reconheço que o afeto, a confiança e a franqueza são vitais para a felicidade pessoal e para a efetividade profissional?
• Sou sincero? Permito que se estabeleça uma dicotomia entre o meu eu interior e a face externa que mostro para o mundo? Esforço-me para pôr um fim a essa contradição? Estou determinado a colocar de lado toda a falsidade?
• Tomo partido da verdade moral, mesmo que isso implique em contradizer o politicamente correto e provocar discordâncias?
• Vejo colegas e funcionários como objetos a serem manipulados ou como pessoas a serem servidas?
• Estou consciente de que as pessoas não são fatores abstratos de produção? Reconheço que é impossível dar às pessoas aquilo que lhes cabe, segundo manda a justiça, quando não se tem amor por elas?
• Cultivo amizades ou meros relacionamentos? Estou consciente de que amizade e serviço são coisas equivalentes?

Apêndice 2
Resposta aos críticos

Gostaria de responder a algumas das críticas que foram feitas ao meu primeiro livro, *Virtudes & Liderança*.

Fui criticado por fundar meu sistema de liderança num conceito moral compreensível apenas aos europeus. Na verdade, não há conceito moral mais universal do que a virtude. A tradição moral do Oriente está baseada nas mesmas intuições que fundam a ética aristotélica[1]. O homem (em chinês, «ren»; em japonês, «jin») se torna homem pela virtude. Por sua vez, o homem desprovido de virtude («fei-ren»; «hi-nin») é o «não homem», conforme indicam os ideogramas abaixo, que representam a negação e a mentira (desintegração interior) justapostas ao ideograma que corresponde ao homem: 非人.

Não me surpreende, portanto, que os chineses tenham traduzido vários capítulos de *Virtudes & Liderança* menos de um ano após a publicação da edição em inglês.

---

(1) Cf. Jiyuan Yu, *The Ethics of Confucius and Aristotle: Mirrors of Virtue*, Routledge, Nova York, 2007.

Não é a filosofia antiga, mas sim a moderna (começando com René Descartes e culminando em Immanuel Kant) que os não europeus têm dificuldade para compreender.

Fui criticado por rejeitar o esquema tradicional que descreve a magnanimidade como parte da virtude da fortaleza, e a humildade como parte da virtude do autodomínio. Não fui o primeiro a fazê-lo. Muitos comentadores já notaram a artificialidade que existe em apresentar a magnanimidade como parte da fortaleza[2], bem como a arbitrariedade que existe em apresentar a humildade como parte do autodomínio[3]. Esses vínculos não se encontram em Aristóteles[4] e, embora não sejam totalmente desprovidos de lógica, também não possuem nenhum interesse ou valor prático[5].

Fui criticado por não mencionar a prudência (sabedoria prática) como virtude característica da liderança. Ocorre que a prudência, embora seja *fundamental* à liderança (assim

---

(2) «Se Tomás de Aquino não rompeu totalmente o vínculo entre a magnanimidade e a fortaleza, ele o estabeleceu da maneira mais tênue possível. Na *Suma Teológica* (vol. 2, II. 140,2,1), dá a entender que a ligação entre essas duas coisas é artificial». É o que afirma René-Antoine Gauthier, um dos maiores tomistas do século XX (cf. *Magnanimité: l'idéal de grandeur dans la philosophie païenne et dans la théologie chrétiènne*, pág. 363).

(3) «É certo que Tomás de Aquino estabelece uma ligação entre a humildade e o autodomínio. Não podemos, no entanto, nos deixar enganar por essa classificação, que é amplamente arbitrária», afirma Gauthier, ecoando Sertillanges, outro tomista de renome internacional (cf. Gauthier, *Magnanimité*, pág. 460; Sertillanges, *La philosophie morale de Saint Thomas d'Aquin*, Paris, 1942, pág. 353).

(4) Essas ideias se encontram na filosofia estoica de Crísipo (280-206 a.C.), que fez da virtude da magnanimidade uma parte da fortaleza, e também num tratado chamado *De passionibus* (falsamente atribuído a Andrônico de Rodes, autor do século I a.C.), que faz da humildade uma parte da virtude do autodomínio.

(5) Cf. Gauthier, *Magnanimité*, pág. 363.

como a fortaleza, o autodomínio e a justiça), não é uma virtude *que a caracteriza*. Sem a prudência, a liderança fracassa, mas não é a prudência que engendra a liderança.

A prudência é a virtude característica dos tomadores de decisão, mas uma pessoa que toma boas decisões não é necessariamente um bom líder; só o será se possuir magnanimidade e humildade. As decisões próprias do líder – decisões que despertam o melhor que existe dentro de cada um de nós – não são meramente prudentes: são magnânimas e humildes.

Fui criticado por mencionar Jesus Cristo e o cristianismo em um livro sobre liderança e excelência pessoal.

A verdade é que se eu não tivesse mencionado Cristo e o cristianismo teria incorrido em desonestidade intelectual, ingratidão e impiedade.

Em desonestidade intelectual, pois Jesus Cristo é um exemplo perfeito de liderança, de magnanimidade e de humildade; em ingratidão, pois, sem os parâmetros da filosofia e da teologia cristãs, eu sequer teria sido capaz de escrever este livro; em impiedade, pois meu «método» tornar-se-ia tão somente um truque diabólico.

Impiedade: eis aí o que eu mais queria evitar. Quando senti a tentação de excluir Cristo e o cristianismo da minha argumentação, lembrei-me de um livro chamado *Um breve conto sobre o anticristo*, do filósofo e visionário russo Vladimir Soloviev. Escrito alguns meses antes da morte do autor, em 1900, o livro fala sobre um «homem memorável» que aparece no início do século XXI nos «Estados Unidos da Europa» e que desencadeia um plano para alcançar a paz mundial e a prosperidade que «satisfaz a todos». Tal proposta o torna uma celebridade e permite que ele acumule uma vasta quantidade de poder. O plano é baseado em valores cristãos, embora «não faça nenhuma menção ao nome de Cristo». O «homem célebre» é obviamente o anticristo. Se eu escrevesse um livro amplamente inspirado por ideais cristãos e optasse por não falar de Jesus, estaria então no mesmo time do anticristo de Soloviev. Esse pensamento me causou profundo mal-estar.

Depois de 2.000 anos de cristianismo, falar sobre o homem (sobre sua grandeza, sobre sua vocação para a perfeição) sem mencionar Cristo seria adotar uma posição contrária a Cristo, ou por convicção – como os fariseus –, ou por medo – como a turba que pediu sua crucifixão.

Fui criticado por muitas coisas, e não me surpreendo que tenha sido assim. *Virtudes & Liderança* não é um livro convencional. Era inevitável que chocasse os que não podem ou não querem mudar suas formas rígidas de pensamento. O que *de fato* me surpreendeu foi o entusiasmo que o livro causou ao redor do mundo, inclusive na Europa Oriental, onde o preconceito anticristão continua muito presente. Entre 2007 e 2011, *Virtudes & Liderança* foi traduzido para catorze idiomas.

Direção geral
Renata Ferlin Sugai

Direção editorial
Hugo Langone

Produção editorial
Juliana Amato
Gabriela Haeitmann
Ronaldo Vasconcelos
Roberto Martins

Capa
Douglas Catisti

Diagramação
Sérgio Ramalho

ESTE LIVRO ACABOU DE SE IMPRIMIR
A 19 DE MARÇO DE 2024,
EM PAPEL PÓLEN BOLD 90 g/m².